A Sara et Steeve

Je souhaite que ce
livre vous importe, que
chacun de vous s'y glisse
et peut-être s'y reconnaisse.

Le Monde de la justice

André Trotier

Le Monde de la justice

 SEPTENTRION

Les éditions du Septentrion remercient le Conseil des Arts du Canada et la Société de développement des entreprises culturelles du Québec (SODEC) pour le soutien accordé à leur programme d'édition, ainsi que le gouvernement du Québec pour son Programme de crédit d'impôt pour l'édition de livres. Nous reconnaissons également l'aide financière du gouvernement du Canada par l'entremise du Programme d'aide au développement de l'industrie de l'édition (PADIÉ) pour nos activités d'édition.

Révision : Sophie Imbeault

Mise en pages et maquette de la couverture : Gilles Herman

Si vous désirez être tenu au courant des publications
des ÉDITIONS DU SEPTENTRION
vous pouvez nous écrire au
1300, avenue Maguire, Sillery (Québec) G1T 1Z3
ou par télécopieur (418) 527-4978
Catalogue Internet : www.septentrion.qc.ca

© Les Éditions du Septentrion
1300, avenue Maguire
Sillery (Québec)
G1T 1Z3

Diffusion Dimedia   Ventes en Europe :
539, boul. Lebeau   Distribution du Nouveau Monde
Saint-Laurent (Québec)   30, rue Gay-Lussac
H4N 1S2   75005 Paris
                              France

Dépôt légal – 1er trimestre 2005
Bibliothèque nationale du Québec
ISBN 2-89448-416-X

*La Justice est un cadeau
que les dieux ont fait aux hommes
en oubliant de leur apprendre
à s'en servir*

Paul Lefèvre
Auteur et chroniqueur judiciaire

Remerciements

Je veux exprimer ma reconnaissance aux nombreuses personnes qui ont contribué à donner vie à cet ouvrage. Un grand merci de m'avoir honoré de leur amitié et de leur exceptionnelle compétence. Un merci très particulier aux miens qui, une fois de plus, m'ont soutenu dans ma détermination à compléter cet audacieux projet.

Introduction

L'idée d'écrire ce petit livre, projet plus intuitif que raisonnable, m'a effleuré l'esprit un jour que je triais des documents rapportés de mon bureau de juge. Par hasard, j'ai retrouvé des notes soigneusement reliées comportant des réflexions sur la justice et ses lévites, accumulées là au cours des années et dont la lecture me fit voyager à nouveau dans ce monde particulier qu'on ne peut choisir d'ignorer.

D'aussi loin que je me souvienne, je me suis toujours livré au plaisir d'exception qu'est l'écriture sans arrière-pensée de divulgation, sauf à des amis choisis. La pratique du droit m'a trop sérieusement occupé pour que je m'ouvre complètement au pouvoir de séduction d'une carrière littéraire. Que cette confidence ne laisse pas entendre que je possède une facilité que je n'ai pas! J'ai toujours la hantise de la mise en marche que j'appréhende de mal engager.

Certes, j'aime les mots comme les femmes aiment les bijoux, les mots riches en couleurs et en sonorité qui se marient harmonieusement les uns aux autres. Toutefois, cette relation avec l'écriture est devenue éprouvante en raison de la pratique obligée du style judiciaire, lequel est dur, rapide, économe de vocables, cherchant à faire mouche, coûte que coûte. Pour parvenir à dire ce qu'on veut dire, il faut alors apprendre à tordre la phrase à sa façon, se limiter à la combinaison de quelques mots, presque toujours les mêmes, et reconstruire plusieurs fois ce que l'on veut exprimer.

Mais «écrire est un acte d'amour» disait Cocteau[1]. Pour moi, il y a de cela et aussi la volonté de persister malgré le mélange des styles qui fait de vous un marginal de l'écriture. Le résultat est l'adoption d'une

_____
1. Jean Cocteau, *La difficulté d'être*, Éditions Du Rocher, 1983.

prose dans laquelle je tente de vivre à l'aise, même si elle exhibe ses vices.

C'est ainsi que s'explique l'existence de ces feuillets construits au fil du temps, de façon intimiste, avec une extrême liberté, comme quelqu'un en retrait, pour échapper à la grisaille du quotidien. Ils sont le fruit de mes introspections et de mes observations extérieures sur ce métier que j'ai pratiqué avec passion jusqu'en 2001 et sur le milieu où il s'exerce. «J'ai secoué l'arbre», selon une expression consacrée et n'ai retenu que ceux qui avaient un certain pouvoir d'évocation. Je vous les offre avec les inquiétudes de quelqu'un qui aurait peut-être mieux fait de les détruire plutôt que de céder à une flatterie contraignante.

Bien souvent au seuil et au cours de cet ouvrage, me suis-je dit «à quoi bon?». Mais si «l'à quoi bon?» est discutable dans une bouche d'adolescent, elle ne l'est pas dans la bouche d'un homme âgé. Cet intérêt presque posthume pour la justice témoigne plutôt d'une subtile fidélité à une période de vie et d'une volonté de ne pas renoncer à penser.

Ces notes, il va de soi, n'ont aucune prétention à l'universel bien qu'elles ne comportent ni lieux, ni dates, ni statistiques. L'univers particulier, ici exploré, soustrait à la tyrannie de tout conformisme, ne se vit pas en détail. Elles n'auraient pas vieilli d'un iota, me dit-on. Elles traduiraient des réalités qui répondent au rapport passionnel que le public entretient avec la justice toujours recouverte de ses voiles. Je n'aurais pas à craindre si je consentais à partager mes états d'âme de me faire dire qu'il s'agit d'idées dépassées sur le sujet brûlant qu'est la justice à l'heure où, pour certains, elle semble «à court d'air, de sens, d'idéal».

Ce constat est bien pessimiste. C'est oublier qu'au cours des siècles, la justice – ici l'institution judiciaire – n'a jamais cessé de se développer et de se renouveler avec des hauts et des bas, selon l'évolution des situations politiques et sociales. Elle a suivi le destin des hommes et il est vrai que celui-ci est chagrin à l'aube de ce nouveau millénaire, marqué par la remise en cause de notre conception de certaines valeurs et du droit. L'intelligence humaine, en qui il faut avoir une confiance présomptueuse, saura l'ajuster au rythme et aux besoins de l'époque actuelle naturellement troublée par la transformation rapide et souvent brutale des mœurs.

À la dimension didactique de ces notes, bien incomplètes et destinées à faire comprendre la justice dans sa complexité toujours mouvante, s'allie, je l'avoue, un certain parti pris de subjectivité, ce qui est admissible en matière d'opinion, de mœurs. Entre autres, tout n'est pas pertinent dans cette galerie de portraits qui cherche à donner une identité aux personnages, c'est-à-dire une chair, une psychologie.

Quant aux références à la mythologie grecque, elles ont été mises là non pour obéir à une mode passagère mais plutôt pour rappeler la pérennité de la justice. Chacun sait que, née dans l'Olympe, elle est fille de l'Histoire. Antique ou moderne, il n'existe qu'une seule justice : permanente, continue, toujours la même et toujours autre. Et cette justice, nous l'avons reçue en héritage. Aussi, telle évocation de la mythologie permet de rappeler au lecteur d'aujourd'hui – ce qui, je crois, n'est pas inutile – les liens que l'humanité a toujours entretenus avec le divin.

«Vous n'avez rien fait», disait Molière en parlant du théâtre, «si vous n'y faites reconnaître les gens de votre siècle». Cette pensée issue de ce génie du savoir-faire et du jeu du langage ne m'a pas quitté au cours de cette modeste promenade au hasard dans le monde de la justice en compagnie des personnages qui l'habitent. Je vous y invite avec l'espoir que cet univers partagé entre la tradition et la modernité, vous devienne plus familier, vous permette d'acquérir une meilleure compréhension de la justice de notre temps, du passé qui l'a préparée et de ses avenirs possibles.

Origine de la justice

Il était une fois Zeus, Dieu des dieux, auteur d'un ordre nouveau, c'est-à-dire «l'ordre» tout court. Avant lui, c'était la foire d'empoigne des puissances primordiales. Avec lui, commença le rôle de l'intelligence.

Ces dieux, on le sait, n'étaient que des projections de l'homme. Comme lui, ils étaient, selon leurs rôles et l'humeur du moment, cruels ou débonnaires, cupides ou magnanimes, loyaux ou fourbes, mais jamais de purs esprits. Il n'y avait rien de plus terrestre que ces Olympiens. D'ailleurs, ils se mêlaient aux hommes pour un oui ou pour un non et aux femmes sans attendre le oui…

Zeus coulait des jours enchantés dans son palais de marbre aux toits dorés, situé sur le sommet de l'Olympe, montagne légendaire dont la tête était voisine du ciel et dont les pieds touchaient à l'empire des morts. Dans les étages intermédiaires, «les hommes passaient des jours inégaux dont les trois Parques, déplaisantes filles de Zeus, mesuraient chichement le fil sur la quenouille de la vie[2]».

Assis sur un trône doré, Zeus présidait le festin des dieux : sa main droite occupée à brandir la foudre et sa gauche, une victoire. À ses pieds, se tenait Thémis, déesse de la justice, toujours prête à inspirer la sagesse au maître des dieux et des hommes si, par hasard, il condescendait à la consulter. Cette déesse détenait la loi de la nature qui régit les relations entre les dieux, les hommes, les sexes et les incitait à s'unir plutôt qu'à se haïr.

L'histoire des hommes révèle qu'au Moyen Âge, on la représentait en chevalier cuirassé armée d'une épée et d'une balance qui mesurait les manquements à la justice et à l'ordre établi.

---

2. Jean Duché, *La mythologie racontée à Juliette,* Robert Laffont, 1977.

À la Renaissance, époque de grande liberté artistique, l'élite urbaine excédée de la civilisation médiévale orientée vers la morosité, exigeait que les artistes deviennent interprètes des dieux, qu'ils fassent partager les gloires de l'Antiquité en y réintroduisant les émotions humaines et l'aspect idéal des êtres.

Ainsi, en accord avec ce nouveau raffinement, une fresque attribuée selon certains à Botticelli, auteur réputé de tableaux d'inspiration mythologique, a fait de cette déesse plutôt discrète une femme splendide de fière allure tout à l'image d'Athéna, vêtue d'une tunique quasi transparente... À l'élégance de ses formes s'alliait l'éclat de son regard charmeur et vertueux évoquant celui d'Aphrodite.

Digne émule de ces deux déesses, Thémis aurait pu avantageusement rivaliser avec ces dernières ainsi qu'avec Héra, femme de Zeus, lors du concours visant à désigner la plus belle divinité de l'Olympe. Pâris, fils de Priam, roi de Troie, à titre d'arbitre, eut l'imprudence d'élire Aphrodite. En reconnaissance, celle-ci aurait aidé Pâris à enlever la belle Hélène, consentante ou contrainte, ce qui entraîna la guerre de Troie, cité à laquelle la littérature universelle doit peut-être le plus.

Les siècles passant, les arrangements de la «décadence de l'hellénisme» incitèrent les mécènes à réviser la tenue vestimentaire de Thémis pour la faire entrer dans leurs riches demeures, les édifices publics, y compris dans les palais de justice. De transparent qu'il était, son déshabillé devint plus opaque, mais sans pour autant dissimuler ses formes, ce qui aurait été lui faire injure. Pour bien marquer son rôle de symbole, on lui rendit la balance et l'épée et on lui appliqua un bandeau sur les yeux pour éviter toute interférence dans ses fonctions de justice, de sagesse et d'harmonie.

La psychanalyse n'a pas fini de déchiffrer dans les mythes et les allégories le subconscient des Grecs d'antan et le nôtre. Allez comprendre pourquoi cette déesse qui symbolise la justice humaine, étale une nudité complaisante dans certaines salles d'Assises, à l'abri de toute poursuite pénale, à l'heure où les juges discutent encore entre eux du port des pantalons et de la longueur des jupes pour les avocates.

Il existe bien une explication plausible à cette singulière indulgence, y compris là où, sans doute par puritanisme, l'on n'a gardé comme symbole que la balance, comme s'il était possible d'ignorer la main qui la tient...

Depuis toujours, Thémis tient sous son charme juges, avocats, greffiers et autres gens de justice qu'elle a faits dépositaires de ses pouvoirs. Elle est l'image de leur monde qui regarde de haut le monde d'en bas vivre son quotidien.

L'évolution
de la justice

Au début, la justice était une forme réfléchie de bon sens propre à une vie simple, aux pensées sans préméditation, aux gestes sans retenue. Elle reposait sur des règles non écrites qui constituaient le droit.

Peu à peu, au fur et à mesure que se développaient les rapports entre les humains, ces règles furent codifiées. Apparurent les textes, les lois, les règlements, les décrets, les circulaires de toutes sortes qui, tels des sédiments, s'entassent et s'empilent, revêtant la justice d'un masque de froideur. Tout cela s'est durci avec l'emploi d'une langue figée à l'image des usages.

Aussi s'est ajoutée une notion étrange, aujourd'hui souveraine, qu'on appelle jurisprudence : la référence à la mesure des autres, de ce qu'ils ont pensé et décidé, en définitive le doute de son propre jugement...

À cela, furent adjoints des tribunaux d'appel, garants de l'application des lois et de l'unité de leur interprétation, susceptibles ainsi de conjurer l'erreur humaine.

Au fil du temps, la justice et ses célébrants se sont retranchés dans un monde à part, enlisés dans des formules sombres, mystérieuses, suintant l'habitude et même l'indifférence, alors que les profanes, eux, continuaient à vivre.

Les yeux ouverts, Thémis s'amuserait fort de se voir enfermée dans tous ces volumineux bouquins aux multiples annexes qu'on appelle des Codes. Elle rirait au fond d'elle-même à la lecture ou à l'écoute de ce que les hommes inventent pour définir le juste alors qu'ils persistent à pratiquer le mal.

Sans doute poserait-elle un regard d'appréciation sur une œuvre récente intitulée *Les Pensées* dans laquelle l'auteur contemporain André Frossard, reconnu pour sa

maîtrise de l'humour et sa facilité d'éton-
nement, lançait avec une écriture teintée
d'ironie, des traits comme ceux-ci :

> Quand chacun fera sa loi, on en viendra peut-
> être à regretter les commandements qui
> n'étaient que dix.
>   Nous sommes sortis depuis longtemps de
> ces âges barbares où l'homme s'efforçait de
> changer lui-même avant de changer la loi : Il
> ne savait pas encore qu'il était parfait[3]...

Mais, pour l'homme de la rue, la justice
demeure une inconnue qui pèse sur son
avenir, peu accessible, ampoulée, compliquée
et pour beaucoup, elle a un visage de riche.

C'est une espèce de machine fascinante
dont les rites, le langage, les règles et les
motivations sont trop souvent éloignés des
besoins des gens et des réalités de la vie
quotidienne de chacun. On l'a déjà comparée
à un «Big Brother» : les rouages s'emparent
de l'homme, le dirigent, l'explorent et
disposent de son avenir. Elle affecte non
seulement la faute, mais aussi l'innocence.

---

3. André Frossard, *Les Pensées*, Éditions du Cherche-
Midi, 1994.

Heureusement, sous l'influence du temps et de l'explosion du contentieux, les gens de droit qui vivent de justice ont compris que ce qu'ils ont construit était un excès. Il fallait changer les choses, rafraîchir le langage, presser la procédure, abréger les formules.

Le processus avance, mais à petits pas, à coups de réformettes qui s'additionnent et parfois se contredisent. Elles ne font que colmater les brèches du système. La tradition héritée du passé est encore là prenant souvent visage de sacré... ou presque et s'y ajoute le génie de la complication sous prétexte que le monde est d'une complexité croissante. On ne compte plus le nombre de lois, de règlements, de décrets, de renvois d'une loi à l'autre sur les matières les plus diverses. Nous sommes asservis par le droit, souvent versatile et parfois obscur à souhait.

Souhaitons que, dans un proche avenir, cessent les changements ponctuels et les mesures partielles et que s'engage enfin une vraie réforme qui aura pour effet de simplifier le contenu de ce que nul n'est censé ne pas comprendre : LA LOI.

C'est par un tel élagage que l'on parviendra à la réinvention d'une justice dans laquelle le public retrouvera au quotidien les traits de la «vertu qui fait que l'on rende à chacun ce qui lui appartient» de façon accessible, efficace et humaine.

La perception contemporaine de la justice

La justice est un mot que chacun pense à sa façon. Vous, moi et les autres avons une idée trop simple des choses. Un crime n'est pas un fait simple qu'on juge sous le contexte. Il y a quelque chose avant, il y aura quelque chose après. Le tout est d'y voir clair et d'écarter la passion. La sagesse en somme...

Un auteur contemporain[4]

On ne pouvait mieux dire. La seule et véritable mesure permettant «d'y voir clair» repose sur les faits, sur l'histoire d'une affaire. Et l'auteur poursuit : «La justice, on la voit de deux façons : de près ou de loin. C'est simple mais c'est le problème. »

---

4. Paul Lefèvre, *Les serviteurs de la justice*, Juillard, 1974.

« Vue de près », l'accusé nie son inconduite avec prudence, conscient du prix à payer si la faute est reconnue, ou encore l'excuse et cherche à se disculper. S'y ajoute l'anxiété ou le regret, soit sincère soit trouble, de s'y être mal pris. L'accusateur, pour sa part, défend le système, s'appuie sur les textes et, pour protéger la foule de nous tous, invoque, bien qu'il le nie, la loi du talion pour éviter d'effacer et surtout, d'oublier.

« Vue de loin », la justice se prête à une tout autre approche : elle pousse le citoyen dans l'acte de juger. L'affaire n'est connue que par des informations parcellaires, non vérifiées, mais on en parle beaucoup car les errements des autres éveillent l'intérêt, même fascinent selon leur nature… Cette vision partielle d'un fait loin de soi donne lieu à l'étalage d'idées préconçues qui déforment le jugement. Qu'importe, on est bien à l'aise dans sa conscience, convaincu d'être en possession de la vérité.

Reste l'utilisation subtile de la justice par la politique. Parfois, cette dernière profite d'un courant d'opinions, d'un fait de société ou d'une erreur de parcours pour régler des comptes avec quelqu'un, satisfaire à de vils calculs, exercer des pressions occultes. Ce travers dangereux semble infiltré en secret dans tous les régimes politiques. Il fait perdre aux esprits de bien belles illusions sur la nature humaine.

Quelques mots s'imposent sur la sagesse populaire. Il faut s'en méfier : elle est inflexible, pressée, changeante, ne suit pas l'évolution de l'affaire mais la précède, déclare coupable celui qui n'en a parfois que les apparences et ignore les recours alors que le temps apaise la fièvre et l'agitation. Un suspect est souvent pendu avant que le nœud soit fait.

Les gens de droit chez qui sont indissociables à la fois doute et prudence savent que dans le quotidien, il n'y a pas de nuances ni même d'hésitations et que justice ne peut être vraiment rendue qu'après avoir écarté les humeurs de la foule pour qui les mots « détenu » et « inculpé » deviennent rapidement synonymes de coupable. Aux yeux du public, l'innocence se trouve rarement derrière les hauts murs des prisons et les dissidents renoncent vite à lutter contre le courant...

En définitive, la justice n'a qu'un seul visage, mais plusieurs masques. L'essentiel, c'est que tous soient jugés selon les mêmes règles.

La toge

On l'enfile de façon tellement naturelle dans le milieu juridique que l'on ne se demande pas d'où elle provient. Le port de la toge est apparu vers le XVIIᵉ siècle raconte Jacques Boëtes dans *Les habits du pouvoir* : « la justice n'est-elle pas un sacerdoce qui exige à l'image des prêtres, une tenue qui en soit la marque ? ». Ainsi, poursuit-il, « l'avocat prit l'habitude de se rendre au palais en robe, faire ses consultations à son cabinet en robe et visiter ses clients vêtu de sa robe ».

La toge apportait dans le temps un réel sentiment d'appartenance au Barreau et à la profession. Cette tradition héritée du droit ecclésiastique, n'en déplaise à certains praticiens libres-penseurs, devint tellement ancrée dans le milieu du droit, qu'elle a jusqu'à ce jour survécu aux affaires qui lui fournissent son alibi.

L'avocat est donc l'un des derniers irréductibles de l'uniforme. Jusqu'à tout récemment, on vivait à une époque où, du premier coup d'œil, on identifiait le prêtre, le militaire, le col blanc et autres contemporains. Du même coup, par voie de conséquence, on connaissait leur grade dans la hiérarchie corporative, grâce à l'ajout d'éléments distinctifs sur le costume. De nos jours, la révolution textile est en marche et rien ne semble vouloir l'arrêter. Dissimuler sa qualité au *vulgum pecus*, reléguer ses attributs dans la panoplie des vieilles lunes, voilà le nouvel échiquier social !

Mais le métier d'avocat sort de l'ordinaire. La toge constitue un symbole : c'est un destin d'homme ou de femme exprimé par un vêtement. Même plus, c'est l'image de la justice, d'un procureur imprégné de son mandat. Porter ce costume, c'est comme si on appartenait à une vieille dynastie ou à l'élite d'une profession.

La toge traduit d'ailleurs la personnalité de chacun. En effet, les jeunes, la majorité, même privés pour le moment de notoriété, la portent cependant sans souci de dissimuler leurs formes. Ils sont le Barreau de demain. Ils savent tout sur le droit et brûlent du désir de se faire valoir. Ils se fondent dans la masse, apprennent les règles du quotidien et n'ignorent surtout pas que le métier vieillit vite.

Les seniors, pour leur part, se trouvent à une période de la vie où ils doivent s'en remettre à la toge afin de dissimuler certaines carences physiques. Sous son aspect austère, mais pratique, elle répare les erreurs de la nature : buste échappé à la statuaire antique, dos rond, épaules trop basses, jambes trop courtes, chevelure effilochée le long des années. Qu'importe si le talent est là ! Dans cette enceinte où le silence est d'or, la toge prédomine ; on n'entend plus que la voix du procureur si le ton est juste et mesuré.

Certains jeunes, sous prétexte de modernité, réclament la suppression de « l'apparat désuet de la justice ». Déplorable suggestion ! La toge confère une solennité intemporelle, ennoblit les mouvements et associe juges et avocats à la gloire de leurs prédécesseurs qui, au cours des siècles, ont mis leurs talents au service de leurs clients.

De plus, ce que souhaite le peuple, c'est une justice juste et rapide. Celui-ci conçoit qu'une certaine distance assure à la justice le respect qui lui est dû. Sans robe, la justice serait nue.

Il paraît que l'avocat qui termine sa carrière apporte sa toge chez lui. Peu d'humains ont ainsi la possibilité de revivre à volonté les péripéties d'une vie professionnelle passée à côtoyer le quotidien des autres. Peut-être, aussi, à s'interroger sur le sort dévolu aux êtres qu'il a représentés.

Les juges

Dans tous les tribunaux, un appel consacré, de modulation locale, annonce les juges : « Silence. La cour est ouverte ».

Entrent alors les gens de justice investis de cette mission proprement inouïe, même s'il s'agit d'une justice humaine ; des gens qui en jugent d'autres, en vertu d'un pouvoir qui garde - ou devrait garder - de ses origines mêmes, un caractère sacré. Impartiaux, indépendants, sereins pouvant rendre à chacun son dû, les juges représentent « la bouche de la loi » selon la célèbre expression de Montesquieu[5].

---

5. Charles de Secondat, baron de La Brède et de Montesquieu, écrivain français.

Dans le réel, c'est-à-dire dans l'exercice de leur fonction éminente, leur indépendance se traduit par l'obligation de résister à la pression de toutes sortes d'intérêts psychologiques, économiques, sociaux : de l'argent et de la finance, des médias, de l'opinion publique, de la famille, des préjugés, de l'inconscient collectif et individuel.

En outre, ils accumulent la mémoire de textes de lois multipliés au cours des âges, tout en surveillant les contradictions fréquentes. Les juges peuvent retracer rapidement les références et les amendements utiles.

Juger des comportements de ses semblables, savoir mieux que tous ce qu'il faut et ce qu'il ne faut pas faire, voilà leur métier. Cette vie d'exemple n'est pas sans soulever des interrogations chez le commun des mortels. Comment vit-on en étant juge ? Quelles réactions ont les gens de votre famille, vos amis ? Déception du curieux : ils vivent, comme lui, les joies et les difficultés de l'existence.

Il arrive que l'homme de la rue se paye de temps à autre une bonne illégalité. Il la regrettera seulement s'il se fait prendre. Il n'en est pas de même pour le juge. Ce dernier n'a pas le choix de respecter la loi. Si, par malheur, il transgressait volontairement la légalité, imaginons son conflit intérieur, en raison de son état et de son expérience.

Drapés dans leur toge, ces gens de stature et d'apparence différentes dispensent la justice. Certains l'ont écrite sur le visage ; d'autres se donnent un air impassible. Il y a ceux qui sont avares de suspensions ; d'autres, fumeurs, ont rendez-vous avec ce vice qui détend. La digestion est parfois dure chez certains, ce que les procureurs feignent d'ignorer, sujet à répéter au besoin. Pour ces juges-là, on imaginerait fort bien Thémis descendre de son socle, ébouriffer leurs cheveux ou ce qu'il en reste, les obligeant à relever la tête et à garder les yeux ouverts…

Devant eux se déroule une bataille de droit, mais aussi une lutte de bon sens. Chaque avocat, exposant le point de vue de son client, présente respectivement les faits de façon qu'ils militent en faveur de sa cause : les juges décident, la vérité résultant ainsi, comme dans une balance, de l'équilibre entre des forces qui se contredisent.

La société admet que chacun des défenseurs exagère ce qui le sert et réduit ce qui pourrait lui nuire ; elle sait qu'ils agiront ainsi et n'exige pas d'agir autrement. Leur rôle n'est pas de déterminer la vérité, mais c'est de leurs présentations opposées que la vérité naîtra.

Commentant cette réalité, André Siegfried[6] écrivait : « La moralité sociale existera donc là où les conditions du scrupule intellectuel ne seront pas, n'ont pas à être intégralement réalisées[7]. » Ainsi, le veulent les traditions et l'expérience d'une civilisation bien des fois séculaire. Comment le juge d'aujourd'hui s'acquitte-t-il de ce rôle de décideur ? En cherchant la juste mesure entre le poids des textes et sa connaissance acquise des humains. Cette recherche consiste à se poser des questions, à créer chez lui le doute, à se demander s'il a bien exploré toutes les facettes du litige. La complexité de ces questions ne

6. André Siegfried, géographe et sociologue français.
7. Citation d'André Siegfried devant l'Académie française (19 janvier 1947).

se reflète pas nécessairement dans la simplicité de sa réponse. Rendre justice est loin d'être uniquement une affaire technique. Il lui faut en outre remplir une fonction indispensable de régulation sociale et, selon la formule de Valéry, être «l'intermède des forces[8]».

Être juge, c'est se trouver suffisamment proche des citoyens pour les comprendre et suffisamment loin pour les frapper. Si la distance est trop courte, il risque de devenir complaisant, voire corruptible. Si elle est trop longue, il peut devenir inhumain ou s'exposer à être injuste. Certes, il existe des risques dans cette profession, comme le montrent les quelques dérapages de juges trop dépendants de la publicité ou qui font un usage stratégique inadéquat de leurs opinions personnelles laissant douter de leur impartialité. Mais les correctifs ne tardent pas, imposés par des juridictions d'exception, pour qui la marginalité statutaire des membres de la Magistrature comporte un principe de supériorité morale.

------

8. Paul Valéry, écrivain français.

On entend parfois des critiques sur le système judiciaire et sur les juges. Le problème ne vient pas tellement de la balance, mais plutôt de ce qu'on lui donne à peser : un droit devenu proliférant, omniprésent, passionnel, sous la pression d'une demande sociale manifestement plus exigeante et impatiente.

La justice, à vrai dire, est moins malade d'elle-même que du droit.

Les juges collatéraux

Par son ambiguïté même, cette expression résume à elle seule la question de la justice administrative formée d'une myriade de juridictions et d'organismes dotés de compétences quasi-juridictionnelles, et celle de la justice privée qui a connu un spectaculaire essor avec l'arbitrage, considérée comme plus efficace par de nombreux acteurs économiques.

Sans remonter à l'origine du contentieux administratif, citons ce que Marguerite Yourcenar[9] fait dire à l'empereur Hadrien au sujet du « Conseil du prince » :

---

9. Marguerite de Crayencour Yourcenar, femme de lettres de nationalités française et américaine. Citation tirée de son roman *Mémoires d'Hadrien*, 1951.

C'est grâce à ceux qui le composent que j'ai pu m'absenter de Rome pendant des années et n'y entrer qu'en passant.

Entre les traditions profondes et les aspirations nouvelles, la puissance publique a toujours affirmé sa responsabilité par de larges délégations de pouvoirs consenties à l'exécutif par le législatif.

Cet arsenal administratif de plus en plus contraignant a même soulevé, à une certaine époque, l'idée dangereuse selon laquelle la puissance publique, représentant l'intérêt général, ne relevait ni du droit commun ni des magistrats de l'ordre judiciaire.

Ainsi tenue pour être un privilège d'exception, la justice administrative fut longtemps confiée à des amis de l'État ou à des politiciens en fin de carrière sensément détenteurs d'une formation et d'une culture d'administrateurs… ce qui faisait craindre le danger d'une justice avant tout soucieuse des prérogatives de l'autorité gouvernementale. Effectivement, le passé prouve que la balance de Thémis n'a pas toujours fonctionné dans un sens égalitaire…

Tel n'est plus le cas aujourd'hui grâce à l'influence du droit anglo-saxon qui nous régit. Devant la multiplication des contentieux spécialisés, comme l'immigration, la fiscalité, etc., l'autorité suprême qu'est la Chambre des Lords en Grande-Bretagne, dans le souci de renforcer le contrôle judiciaire de l'administration, a créé le «judicial review» pour excès de pouvoir, règle aujourd'hui généralisée en Occident. L'évolution qui s'ensuivit, accentuée par la mise en place, dans certains États, de chartes de droits et libertés, fut bénéfique : «le droit de l'État a cédé le pas à l'État de droit».

La juridiction administrative remodelée par diverses réformes souvent adoptées par le pouvoir politique en rechignant – malgré bien des affirmations solennelles du contraire - présente un visage nouveau. Elle a réinventé une justice de proximité souple, rapide, peu onéreuse et se plie désormais aux contraintes juridiques sous peine d'être ramenée à l'ordre devant les tribunaux ordinaires, à égalité de droits, selon une procédure contradictoire.

Quant à ses juges (présidents, assesseurs), même s'il faut parfois jeter un voile pudique sur certaines nominations…, il est incontestable qu'ils sont mieux choisis, qu'ils ont généralement des compétences pratiques en droit, y compris sur leur devoir d'indépendance, et une expérience concrète complétée par des cours de formation sur les matières qui leur sont dévolues.

Reste la justice privée qui résulte du développement de formules alternatives parfois plus efficaces que l'instance judiciaire. Le coût, la longueur de certaines procédures, la confidentialité et la garantie d'une solution rapide militent bien souvent en faveur de l'arbitrage, de la conciliation ou de la médiation. Ces formes de justice qui cherchent à éviter les conflits répondent aux nécessités de l'époque. L'implosion contentieuse l'exige.

Constater une situation, tenter de rapprocher les points de vue ou encore imaginer des solutions nouvelles, voilà le rôle-clé des personnes de confiance (avocats, professeurs, spécialistes et autres) à qui l'on fait appel. À la différence de l'arbitre dont la décision s'impose aux parties, l'avis du conciliateur, les propositions du médiateur n'ont pas de valeur obligatoire, ce qui entraîne, en cas d'échec, l'intervention de l'institution judiciaire. On ne peut donc voir dans cette expansion le signe d'un réel affaiblissement de l'autorité des tribunaux ordinaires ou de la règle de droit elle-même.

Devant les besoins d'aujourd'hui, la pluralité s'impose. Sans doute n'existe-t-il qu'une justice. Mais dès lors que les divers ordres se reconnaissent et s'écoutent, les juridictions du monde actuel savent dire le droit à plusieurs sources.

Les avocats. Leurs rites, leurs passions, leurs envies.

Ils rêvaient de porter la robe, de s'entendre appeler « Maître », de donner du « cher confrère » à tous les collègues ambulants, de se livrer à des effets de manche, de plaider des drames authentiques et de grandeur nature (crimes crapuleux, affaires de mœurs, grandes escroqueries).

Quelle joie de parler et de parler seul, de prendre le contre-pied des apparences, de construire une démonstration comme on édifiait autrefois les pyramides, d'observer en discourant la portée de son exposé sur la Cour et, du coin de l'œil, sur la mine déconfite de la partie adverse !

Mais on ne s'intègre pas facilement dans le ballet des avocats : un complément de formation s'impose. Ainsi, il leur faut en cours d'études ou après la Faculté, découvrir les règles du Palais, les règles de leur propre monde où rien n'est acquis et les règles des gens semblables à ceux qu'ils auront éventuellement la charge de représenter.

Ils découvrent la longue attente à la porte des prétoires, entendent les tuyaux échangés entre connaisseurs avant le début ou la fin d'une audience, apprennent la façon pratique de disséquer un dossier selon un canevas qui va de l'exorde à la conclusion devant des juges qui connaissent le droit bien mieux qu'eux, mais auxquels le rituel impose le silence.

Ils savent que le Président de la cour, ce matin-là, a tendance à venir au secours des stagiaires et des avocats débutants au lieu de tel autre reconnu pour sa sévérité procédurale sans tenir compte des avocats-acteurs.

Aussi, ils étudient l'attitude discrète ou ostentatoire des grands du Barreau qui, d'un banc à l'autre, se témoignent les marques du plus grand respect avant d'utiliser les trucs ou pièges du métier : tic-tac des réparties, assaut des réfutations en ordre serré, subtilité stratégique des insinuations et du demi-mot.

Par ailleurs, c'est par ces derniers qu'ils apprennent l'art oratoire lequel, entre autres, obéit à des automatismes justifiés par la nécessité de se ménager des paliers de réflexion au cours d'interventions ou de plaidoiries.

Ainsi, le «je tiens à dire» présente l'avantage d'insister sur l'importance et la différence d'une prise de position. Plus raffiné, le «inutile de rappeler» annonce traditionnellement un long rappel susceptible de révéler une grande formation juridique. Enfin, le démagogique «vous le savez mieux que moi» crédite le juge d'une expérience peu commune et prélude à l'énumération d'informations que l'auditoire est censé ignorer, ce qui n'est pas toujours le cas...

Ainsi imprégnés du métier, certains, passionnés par le fonctionnement de la justice, s'y lancent résolument alors que d'autres, par tempérament ou par goût, préfèrent l'ossature d'une grande corporation ou d'un organisme d'État dans lequel ils jouent un rôle essentiel de régulation contre l'expansionnisme du monde des affaires ou l'imagination des politiques. Les premiers, les plaideurs, affirment vite leurs talents au fil de la multiplication des dossiers, doivent se battre durement, deviennent plus matures, plus expérimentés et surtout, prennent du recul sur les choses en même temps que changent les gestes, la voix, la parole et la couleur des cheveux.

Par-dessus tout, ils réalisent qu'ils sont des refuges indispensables pour les justiciables aux prises avec des injustices ou auteurs de réflexes mal contrôlés ; que ces justiciables ne sont pas simplement, comme dans leurs rêves d'antan, de pâles symboles ou des prétextes à discours permettant aux avocats d'accéder au vedettariat.

À côtoyer le quotidien des autres, on perd son enthousiasme. L'essentiel est de garder foi dans ce monde de règles édictées pour faciliter la vie en commun. La plupart y parviennent, sagesse, tolérance, humanité et cynisme confondus…

Les mystères de l'avocat

L'avocat est sans doute l'acteur le plus contesté de la scène judiciaire. Il incarne à la fois la justice que l'on craint et la justice qui protège.

La société ne se gêne pas pour le critiquer, mais y fait sans cesse appel et en attend de plus en plus de réponses à ses difficultés.

Mais, depuis toujours l'avocat intrigue. Il vit dans un monde à part où il a connaissance d'histoires tellement invraisemblables que le plus doué des écrivains hésiterait à les raconter à ses lecteurs. L'avocat est membre du Barreau. Lorsqu'on fait allusion à cette institution, on a l'impression de parler d'un corps savant, d'une chasse gardée, d'une société secrète.

Parmi les questions que se posent les citoyens, celle-ci, singulièrement large, revient constamment : « L'avocat doit-il croire ou non son client ? » C'est l'un des mystères de cette profession. Rendons la réponse concrète avec l'espoir qu'elle dispose, à sa façon, de cette interrogation complexe. L'avocat croit son client et en même temps ne le croit pas. Il doit le croire, se convaincre de son bon droit et le représenter comme s'il était lui-même en cause. Sans cela, il plaide mal. Mais en même temps, il doit ne pas le croire, discerner les faiblesses du dossier, prévoir l'argumentation adverse, bref être conscient que l'issue du débat est aléatoire. Sans quoi, il plaide également mal.

Une autre énigme intéresse les citoyens : « L'avocat peut-il utiliser tous les moyens pour défendre son client ? » Une citation célèbre, adoptée depuis lors universellement par la profession, y répond de façon péremptoire. Elle dit comment faire pour respecter dans l'exercice de ce métier ce qui n'est pas défini : une moralité.

L'avocat a le devoir d'être l'auxiliaire de la justice et le serviteur de la vérité. Tout défendeur qui s'efforce d'entraver l'œuvre de la justice, qui, sciemment, soutient des théories fausses ou affirme des faits inexacts peut être un rhéteur habile, un orateur éloquent, mais ce n'est pas un avocat[10].

Le public s'interroge à bon droit sur les critères qui gouvernent la nomination des juges. Question : «Tous les avocats sont-ils aptes à accéder à la Magistrature ?»

En principe, oui. Cependant, il y a ceux qui ne peuvent en être à cause de leur âge, de leurs dettes, d'un dossier là où il ne faut pas. Mais le vrai mystère relève plutôt de la politique que du destin.

Un sujet plus pointu suscite aussi la curiosité du public, y compris chez les avocats : «Quelle est la différence entre un bon avocat et un grand avocat ?» L'éminent écrivain contemporain qu'est Jean-François Revel s'y est intéressé un jour dans un article écrit pour *Le Point*. En plus de faire référence

---

10. Me Labori, ancien bâtonnier de Paris, éminent défenseur de Dreyfus accusé de trahison contre la France,1894.

au nécessaire talent oratoire, il écrit que « le premier conquiert la notoriété en gagnant ses procès et le second la gloire en les perdant ». Pourquoi ? Parce que le second « vole d'instinct vers les dossiers les plus désespérés. C'est un goût de l'impossible et une capacité de soutenir l'impossible comme on entre en religion... »

Enfin, une question fort nébuleuse, mais réaliste, préoccupe les gens : « Que pensent les avocats du système actuel de justice ? »

Ils en vivent, d'où n'en parlent qu'avec prudence, sauf lorsque poussés dans leurs derniers retranchements... En termes ampoulés, ils constatent qu'en surface la justice est débordée, rongée par les délais, vétuste, mais en profondeur elle étonne encore par ses ressources et son ressort.

Ils admirent qu'en dépit de l'immobilisme du système, la justice trouve toujours son chemin à travers les ambitions, les défauts, les intérêts contradictoires des hommes et qu'elle puisse être rendue sans trop créer de confusion. Ce qui à la fois l'accable et la sauve, c'est d'avoir une mauvaise santé de fer.

Mais eux aussi voudraient qu'on lui rende sa grandeur et sa force en poussant les réformes, bref que l'on fasse passer de l'air dans le grenier des habitudes.

Ces mystères éclaircis, laissons les autres dans l'ombre...

La féminisation de la justice

Lors d'un colloque des femmes de carrière, deux intervenantes : l'une avocate, l'autre juge, durent expliquer à brûle-pourpoint pourquoi elles avaient décidé de faire carrière dans le domaine du droit.

L'avocate de répondre : « J'ai choisi le droit pour ses effets régulateurs sur les conflits individuels et sociaux ».

La juge (le dictionnaire et la famille des codes s'ignorent encore) déclara aussi spontanément : « L'idée de justice est intimement liée à l'idée de vérité ; le poste judiciaire que j'occupe rend possible de la faire éclater. »

Voilà! L'essentiel est dit, exprimé noir sur blanc dans un langage clair, succinct et rafraîchissant.

La même question posée à des intervenants de l'autre sexe aurait à coup sûr entraîné des réponses aussi valables, mais dans un style plus ampoulé, formé de mots d'antan et d'expressions dépassées si prisées par l'ethnie judiciaire, langage que les hommes pratiquent d'emblée en une telle circonstance de peur de paraître analphabètes ou encore pour faire montre d'une certaine supériorité juridique.

Dommage que les femmes aient été écartées pendant si longtemps du monde rigide de la justice, comme elles le furent d'ailleurs de la politique, de la finance etc., choses sérieuses qui appartenaient seulement aux hommes comme la guerre et les sports. À l'appui, le père de l'olympisme moderne, le baron de Coubertin était fermement opposé à la participation des femmes à ses jeux. Les femmes d'antan ne pouvaient exprimer leurs idées publiquement. Pourtant, elles auraient pu influencer ce monde de la justice, clarifier le langage pétri de coutumes, de codes et de règles, y dispenser leur sagesse.

L'expérience prouve qu'elles savent mieux que les hommes rester proche des vérités premières, se coller à la réalité des choses de la vie, faire confiance en leur intuition et surtout, insister pour être comprises au point de ne pas craindre la répétition pour s'en assurer. Rien ne les agace plus que l'impression de ne pas l'être. C'est un don qui leur est propre et dont l'apport contribuera sûrement à transformer le paysage judiciaire encore figé dans son langage, ses rites et ses motivations trop souvent éloignés des réalités de la vie quotidienne de chacun. Peut-être serait-ce là une autre manière de tourner une page de l'histoire du droit.

Toujours est-il qu'elles sont là, ces dames, de plus en plus jolies et brillantes (leurs confrères l'admettent), certaines au sommet du Barreau et de la Magistrature. Elles sont de la deuxième génération et ont hérité de l'étonnante conquête des pionnières qui ont dû lutter contre des siècles d'habitudes et d'usages au masculin, contre le vieux réflexe voulant qu'on prête moins confiance aux femmes qu'aux hommes.

L'originalité de la profession, c'est donc sa féminisation récente. Et l'extraordinaire, c'est que les hommes semblent leur abandonner le terrain alors que le contentieux monte en puissance. La recherche du succès rapide, selon l'esprit mercantile de l'époque, explique ce désintérêt des étudiants masculins. Le droit n'est plus le chemin le plus court de la Faculté à la fortune.

Reste la perception du corps social. De moins en moins, il s'interroge sur l'adaptation du juriste féminin au modèle masculin. Il considère plutôt que le modèle actuel des avocates et des femmes juges correspond aux caractéristiques d'un métier qui attire pour des raisons quasi-identiques des femmes et des hommes qui se ressemblent.

D'ailleurs, il y a maintenant régression des vieilles pudeurs qui constituaient un obstacle, entre autres, aux confessions pas toujours édifiantes que l'on doit à son avocate... ou encore à l'acceptation d'une juge dont le regard traduit le sérieux, dotée d'un mode d'intuition fort utile dans la recherche de la vérité et aux attendus clairs pour que la décision prononcée soit bien saisie par ceux qu'elle implique. Fini le temps où l'usure des audiences faisait en sorte que les gens de droit se parlaient entre eux, sujet à traduire aux non initiés par après… Le tempérament de la femme résiste à cette façon obsolète de rendre justice par étapes.

Mais, dira-t-on, il doit bien y avoir des inconvénients à cette féminisation. Examinons cette question, ne serait-ce que pour satisfaire les antiféministes, s'il en reste… Pour la gestion, deux d'entre eux sont majeurs : parer aux congés de maternité et gérer le rôle de mère pour les enfants en bas âge. Or, la pratique n'exige-t-elle pas de se concentrer sans entrave sur le droit ?

À part ces difficultés particulières résolues par l'état civil, l'âge ou par des accommodations libératrices, aucun des lieux communs ne résiste à l'analyse, entre autres, l'esprit casanier typiquement féminin attaché à son «nid» et réfractaire à la mobilité géographique. Preuve est faite du contraire : elles sont aussi mobiles que les hommes. Même le stress dont on parle tant, cette sorte d'angoisse confuse qui ne correspond à rien de tangible et dont on ne se libère que par un effort sur soi-même, ne diffère pas, selon de savantes études, d'un sexe à l'autre.

Reste pour certaines un problème qui n'est pas à proprement parler un inconvénient, qui est d'ordre personnel et purement esthétique, avoué sous le sceau de la confidence : le port de la toge qui leur fait une double robe. Non seulement heurte-t-elle l'élégance, mais les «prive de leurs armes millénaires, l'aura de la silhouette, le charme du geste» selon un auteur sensible à cette préoccupation. C'est oublier que la toge est démocratique, égalise les sexes et supprime les différences qui pourraient avantager l'un ou l'autre. D'ailleurs, dans l'exercice de cette profession, seule la tête compte.

Finalement, le temps où la justice n'avait de féminin que sa nature abstraite est bel et bien révolu. Jamais plus ne seront tolérés, si ce n'est pour s'en moquer, des propos aussi irrévérencieux et archaïques que ceux d'un dénommé Toulet, fort galant homme, portant sur une méthode d'argumentation en matière d'éloquence. Il suggérait de «parler comme des hommes quand on a raison et comme des femmes quand on a tort[11] ».

Imaginons un monsieur du genre, prôner aujourd'hui pareille théorie à un colloque de la section féminine du Barreau !

---

11. Citation tirée de la réponse d'André Siegfried devant l'Académie française au discours de Me Maurice Garçon (16 janvier 1947).

Les juges en chef
et les bâtonniers

Dans ce monde pétri d'usages et de coutumes, il faut des personnes qui ont du style, un impact indéniable pour maintenir l'équilibre : des gens d'expérience aux cheveux gris ou blancs sur fond d'altruisme, mélange de réalisme et de tolérance.

Les juges en chef veillent à assurer la marche et la pérennité de la justice ; les bâtonniers cherchent à sauvegarder l'honneur de la robe. Pour le grand public, ce sont des symboles, des références, des cautions.

Mais, à expérimenter ces postes, les élus constatent à quel point la fameuse accélération des mœurs les a rendus à hauts risques. Naguère, leur influence s'exerçait tout en douceur ; aujourd'hui, la réalité est tout autre : l'évolution des mentalités a modifié l'ordre ancien et provoqué l'émiettement de l'autorité.

Pour agir avec efficacité, le doigté est de rigueur. Conscients de la limitation de leurs pouvoirs sur leurs membres, ils doivent dissimuler leurs personnalités propres derrière un écran de discrétion et de modestie, s'habituer à un pouvoir de l'ombre partagé avec des conseillers choisis ou imposés, privilégier le couloir du compromis et, dans le but de favoriser la concertation et les échanges, présenter souvent leurs décisions comme de simples suggestions, bref incarner avec pragmatisme une relative autorité en vue d'une solidarité agissante.

D'une part, les hiérarchies professionnelles sont plus fragiles, plus discutées et les règles sans cesse remises en cause. D'autre part, à la dissension larvée des générations, s'ajoutent les sujets qui ont tendance à se considérer comme des leaders naturels aussi doués que leurs chefs. Ils peuvent corriger à l'intérieur les problèmes, les susceptibilités froissées, les réflexes mal contrôlés, et faire valoir, à l'extérieur, les engagements de leurs membres de façon plus critique ou plus souple sur les projets de loi, les réformes proposées, les atteintes aux droits et autres thèmes du genre. Certes, les échanges sont courtois entre gens appelés à se côtoyer, mais parfois féroces…

Enfin, il n'est plus possible à ces titulaires de s'isoler des évolutions de la société. Celle-ci s'agite plus que jamais. Ils ont l'obligation de remplir à son endroit la double fonction de la justice, soit assumer la défense de l'homme et de ses droits qu'aucune raison d'État ou de sécurité publique ne saurait raturer d'office et s'adapter aux nouvelles exigences de la collectivité qui vit un tournant, un changement d'époque. En ce début de siècle, le système bascule d'un équilibre ancien à un équilibre nouveau qu'on n'arrive pas encore à discerner…

Réalistes, ils savent que chez le peuple, du moins dans une bonne proportion de celui-ci, le monde judiciaire n'a pas tellement bonne presse, qu'une mauvaise humeur teintée d'incompréhension l'assimile souvent au monde de la politique et que sont souhaités des bouleversements qui, s'ajoutant à beaucoup d'autres, secoueraient l'univers clos des tribunaux.

Aussi, dans le style propre à chaque groupe leur faut-il être de tous les débats d'importance impliquant le droit et la justice, avec l'espoir que leurs interventions prouvent que la raison constitue le meilleur antidote face aux préjugés de l'opinion et aux arbitraires des autres pouvoirs. Pour les fins de ces incursions dans les débats, les bâtonniers jouissent davantage de liberté que les juges en chef qui, détenteurs du pouvoir judiciaire, sont tenus à une plus grande réserve. En particulier face aux attaques contre le système judiciaire actuel, ils se font un devoir d'en prôner les forces sans nier ses fragilités et de rappeler avec fermeté à l'État, à voix haute ou basse, la nécessité d'en corriger les failles qui condamnent la société à avancer sans progresser...

De fait, ces gardiens de la cohésion sont une race à part. Afficher une âme sensible aux angoisses des uns et prêter attention aux perplexités des autres, se dévouer entièrement à faire évoluer la justice pour la rendre novatrice et plus efficace exige une immense patience et beaucoup de travail. Ils ne se livrent pas seulement au bon management : ils font œuvre morale.

Une vérité qui s'applique à tous les corps professionnels doit ici être exprimée. Certains d'entre eux – heureusement très rares – ont présumé d'eux-mêmes ou de leur endurance. Ils se sont limités à se pavoiser sous les hautes dignités dont ils étaient revêtus...

Ne retenons que les premiers pour leur constance à inscrire leurs institutions dans l'histoire interne de la justice.

Les notaires

Dans le domaine de la justice, on retrouve un autre acteur, peut-être discret mais combien présent : le notaire. À l'instar de l'avocat, il représente la société alors que le juge représente le droit. Il n'est pas inutile de rappeler que la formation du notaire est identique à celle de l'avocat. Au terme de ses études de droit, il a préféré cette carrière, n'étant sans doute pas attiré par la controverse, convaincu d'y mieux développer ses capacités d'analyse et de synthèse ainsi que sa propension au dialogue.

Dans les États où cette profession existe, les notaires répondent à une nécessité juridique. À titre d'officiers publics, ils reçoivent des actes, contrats auxquels les parties doivent faire donner le caractère d'authenticité attaché aux actes de l'autorité publique : les régimes matrimoniaux, les contrats de vente, d'hypothèque ou de donation immobiliers, les testaments. Ils en assurent la date, en conservent le dépôt et en délivrent des copies conformes.

De plus, en collaboration avec les tribunaux, ils sont investis de fonctions de nature juridique, entre autres la tenue de conseils de famille, la vérification de testaments, les homologations de mandats d'inaptitude.

La littérature, on le sait, n'a pas toujours été tendre pour les notaires. Qui n'a pas lu ou entendu parler d'histoires dans lesquelles le notaire, égaré par l'appât du gain, y jouait un rôle peu reluisant, dénué de tout scrupule ! Certes, les malversations rapportées se déroulaient surtout dans le temps où l'intolérance et l'ignorance se côtoyaient, mais il en est resté longtemps des sentiments mitigés à l'égard de cette profession dans l'opinion publique. C'était hier.

Aujourd'hui, l'évolution des mœurs et du droit les ont amenés à s'engager dans de nouvelles avenues : le secteur public et le monde des affaires. Leur rigueur intellectuelle, leur talent à prévenir ou à régler des situations de conflit et leur qualité de rédacteurs en font des spécialistes recherchés en matière d'incorporation, de financement, d'ententes entre actionnaires ou de contrats avec des tiers. En outre, on reconnaît leur mérite dans le domaine de l'administration, de la médiation et de l'arbitrage.

Pour ceux qui s'en tiennent à la pratique du notariat traditionnel, les règles sont d'une complexité croissante, qu'il s'agisse d'une question d'ordre familial, de constitution de patrimoine ou d'héritage, etc. Les gens se sentent perdus dans la jungle du droit de la famille et du droit fiscal entre autres, qui tardent à prendre davantage en compte les changements de la société. Les notaires préservent le bon sens, cherchent, sous l'emprise de la règle de l'impartialité, à maintenir l'équilibre entre les devoirs et les obligations de chacun. De plus en plus, les gens sont conscients des services rendus par ces professionnels qui n'hésitent pas, après vulgarisation à l'aide d'exemples nombreux et précis, à apporter une empreinte très personnelle aux textes qu'ils rédigent.

Ainsi l'héritage, parfois lourd de sens et de non-dits, reste un sujet sensible dans les familles. Comment disposer de ses biens en cas de partage inégal ? Il faut éviter que tel don soit l'équivalent d'un désaveu pour un héritier. Aussi, comment assurer les droits du conjoint survivant auquel une protection suffisante doit être accordée après le décès de l'un d'eux ? Songeons également aux problèmes juridiques tirant leur origine des divorces, des familles reconstituées et des enfants issus de ces unions.

Enfin, qu'arrive-t-il lorsqu'une personne possède une propriété dans un autre pays ? En ce qui a trait à l'immobilier, c'est toujours le lieu de situation du bien qui détermine le droit en vigueur, ce qui oblige le notaire à posséder une connaissance du droit international privé.

Ces exemples démontrent la nécessité pour ces professionnels de faire preuve d'originalité et de souplesse dans la recherche de solutions adaptées aux différents cas qui leur sont soumis. L'esprit qui anime les membres de cette profession trouve son écho dans ces paroles rafraîchissantes de l'un d'eux: «La loi prévoit le prêt-à-porter, mais rien n'empêche de faire du sur-mesure.»

Les greffiers et les secrétaires

Ces personnages occupent une place à part sur l'échiquier judiciaire. Si le juge représente la loi, les greffiers et les secrétaires représentent l'ordre bureaucratique dont les tentacules font partie de l'échafaudage qui conduit au dénouement des affaires de justice.

Élevés de quelques marches dans la tribune, les greffiers et les greffières (parfois des secrétaires de juges) sont en quelque sorte membres de la magistrature assise en opposition aux autres intervenants qui ne parlent que debout. Leur rôle, comme bien d'autres, reste nébuleux dans l'esprit du public qui confond toutes ces silhouettes revêtues de noir à l'exception de celle bordée de rouge au haut du banc. Le processus s'engage : l'appel des causes, l'identification des témoins, les décisions enregistrées dans chaque dossier convainquent vite les spectateurs du sens de l'organisation des greffiers et de leur rare puissance de travail.

Dotés des vieilles habitudes nommées prudence, discrétion, intégrité, ces auxiliaires de Thémis accomplissent de surcroît des performances peu courantes à notre époque. En effet, ils sont capables de travailler après les heures lorsqu'une affaire qui devait tourner court perdure, de comprendre à mi-mots, de lire entre les lignes, de ne rien dire alors qu'ils savent tout, ayant fait de la rétention des secrets l'une de leurs vertus maîtresses.

En outre, greffiers et secrétaires confondus, il leur faut avoir suffisamment d'indulgence pour accepter un mode de vie qu'ils ne pourraient tolérer dans aucun autre métier : salaire modeste, exigences maximales, caprices frisant parfois l'indélicatesse, communications elliptiques, etc. Aussi n'hésitent-ils pas, à l'occasion, sans crainte de redites, de rappeler que leur formation aurait pu leur faire vivre un tout autre destin, s'ils n'avaient pas le dévouement chevillé au corps.

Quant à la secrétaire du juge, à partir de quelques années de présence à ses côtés, l'osmose qui s'ensuit lui fait partager à sa façon le pouvoir patronal.

Son premier soin en arrivant le matin est de vérifier un agenda que son patron ne consulte plus depuis belle lurette, persuadé qu'à chaque jour c'est le même engagement, regarde si son juge n'a aucun anniversaire à l'horizon, confirme les rendez-vous et met de l'ordre dans son bureau.

Puis, elle jette un regard fureteur dans les dossiers du jour pour lui faire part de ses observations à son arrivée allant même, en vertu des principes des vases communicants, jusqu'à les commenter avant les jugements qu'elle relève avec des sentiments variés, selon qu'elle est d'accord ou non.

Il lui arrive aussi de prendre spontanément des initiatives que son patron n'a pas sollicitées, mais qu'elle estime justifiées pour leur standing commun. Elle exige des marques de respect des subalternes et même des chefs de service, prend sous son aile protectrice les jeunes avocats qui sollicitent ses avis ou quémandent ses interventions et en contrepartie tance ceux qui lui paraissent frondeurs. Bref, elle n'est pas loin de considérer que, sans son concours, le système de justice serait encore moins ordonné que maintenant.

À tous ceux qui chercheraient à tout connaître d'un juge sans avoir à l'approcher, permettez le conseil suivant : «Observez sa secrétaire». Neuf fois sur dix, elle en a toutes les qualités, plus quelques autres évidemment, mais aussi quelques-uns de ses défauts.

Les témoins

Ils sont là en attente dans leur salle. Lorsque appelés, ils seront d'abord jugés, comme dans la vie courante, sur leur aspect extérieur, c'est-à-dire selon la tête qu'ils ont.

Certains ont l'air sûr d'eux, aptes au premier abord à témoigner avec sang-froid, mais aussi capables de rébellion lorsque contredits. D'autres, isolés dans un physique quelconque, semblent dotés par la nature d'une certaine dose de timidité, ce qui laisse présager des maladresses éventuelles à base des mots « probablement ou peut-être »... La belle jeune fille, à droite, qui détient, entre autres pouvoirs, celui que confère le charme physique, devrait, du moins au départ, être plus digne de foi que l'homme, à gauche, manifestement aigri par une vie difficile, maugréant contre cette assignation qui, a priori, le rend susceptible de témoigner à l'envers comme à l'endroit.

L'affaire remonte à plusieurs années. Tous ont répété à maintes reprises ce qu'ils avaient vu et entendu à leurs proches, leurs amis, leurs voisins, aux policiers et aux avocats. Mais, les actualités sont éphémères. Depuis lors, l'événement a sombré dans le passé, s'y est fait sa place et a perdu ses dimensions démesurées. Certains l'invoquent désormais comme s'il leur était étranger, ce qui souvent altère la bonne foi.

À leur entrée dans la salle d'audience, les témoins, surtout s'il s'agit d'un procès très médiatisé, reçoivent le souffle du public : certains ont même un geste de recul. Ils se sentent dévisagés, soupesés, perdent un peu de leur assurance à mesure qu'ils s'avancent vers la boîte surélevée des témoins où ils répondent «Je le jure» sans toujours penser à quoi ils s'engagent.

Témoigner, c'est dire ce que l'on sait sans restriction ni emphase. «Encore faut-il pouvoir le dire»… Or, s'il existe un domaine où l'on constate que les cours de vocabulaire d'autrefois ont cédé le pas à la sémantique, c'est bien devant les Cours de justice. La communication s'y exerce à travers la logorrhée chronique de personnes à qui il ne manque que la parole.

« Aussi, il faut vouloir le dire »… Rien n'est plus frustrant qu'un témoin qui tente de cacher ce qu'il sait ou qui ne se souvient plus ou pire, qui ne se souvient plus de ce qu'on voudrait qu'il dise.

Quant au ballet des avocats, il se déroule selon une méthode d'analyse inhérente au métier. Comment plaider cette cause ? Faut-il placer tel fait ou argument avant tel autre, craindre la chute de telle partie de la démonstration ? Ils doivent aussi prévoir les objections en droit et, pour les témoins, établir les points à faire préciser, l'attitude à observer à leur endroit, choisir entre les deux tactiques d'approche classiques, soit la sévère ou la bienveillante, selon ce qu'on attend d'eux. Gare à ceux qui se contredisent ou laissent penser à une leçon apprise !

C'est un fait que la plupart des témoins, pour qui témoigner est un domaine mystérieux, ne sont pas habitués à ces duels à coup d'objections, à voir le même fait soumis à des questions qui le fait apparaître de face, de dos, de travers, de manière à servir un point de vue ou assurer une parade. Cela fait en sorte que souvent un sentiment de malaise, voire de lassitude, s'infiltre en eux et suscite le désir d'en finir. Certains repartent même avec visage d'accusé. C'est de bonne guerre, disent les gens de droit. Peut-être, mais pas pour les témoins de bonne foi qui se demandent pourquoi ils ont été frappés avec le glaive de la justice…

Au fond, le problème résulte de ce que le public ignore, encore de nos jours, comment la justice travaille. On n'explique pas assez souvent qu'elle a un langage et des réactions qui ne sont pas celles du commun. La vérité judiciaire, ne l'oublions pas, n'est pas celle que l'on soupçonne, mais celle que l'on prouve. Pour y parvenir, il faut prendre les faits un par un, les accumuler, en faire une gerbe qui entraînera une ultime conviction. Bien des gens pensent erronément que la vérité judiciaire n'est pas forcément la vérité tout court : elle passerait par trop de filtres -

pour ne pas dire - de prismes déformants…
Au contraire, elle est une œuvre collective où
toutes les opinions sont représentées, ce qui
fait qu'il y a beaucoup de chances pour qu'elle
représente la vérité tout court.

Reste la sincérité qui n'est pas inélucta-
blement la vérité. À force de se répéter, de
revivre l'affaire telle que commentée par les
médias incluant parfois de nouveaux détails
et des images à l'appui, de se corriger ou
d'ajouter, bien des témoins se sentent un peu
perdus et ne savent plus vraiment où est la
vérité. Surtout six mois ou un an après. En
outre, les aléas de la vie quotidienne et le
temps ainsi écoulé font en sorte qu'ils sont
devenus incapables de garder en mémoire
l'idée nette du début. Entre ce qu'ils ont vu
et cru voir, entendu et cru entendre, il y a
maintenant un monde d'imagination et de
bonne foi. Leur version s'est enrichie, les mots
utilisés pour fin de reconstitution sont
différents, n'ont ni le même sens ni le même
impact. Ces gens sont devenus sincères parce
qu'ils ont oublié la source de leurs fabu-
lations.

En définitive, les témoignages constituent un élément incontestable, partiel ou complet de la vérité. Ils seront appréciés selon leur vraisemblance et leur apport en vue d'acquérir une certitude qui devra s'imposer lors de l'examen exhaustif du dossier.

Les experts

La justice, on le sait, aime les réponses formées d'un oui ou d'un non. Elle aime aussi les coupables qui ont des motifs élémentaires d'agir.

Mais ce n'est pas toujours le cas à notre époque d'une complexité croissante où tout est sujet à analyse, y compris l'être humain. Ainsi, les faits doivent être minutieusement reconstitués pour motiver l'acte posé. La justice doit aussi demander d'expliquer l'inexplicable sur le plan psychologique. Dans sa recherche de la vérité, il lui faut alors faire appel aux gens les mieux placés pour comprendre et éviter qu'elle s'égare… C'est le rôle des experts, modèles d'érudition et de profondeur dans l'art de l'analyse sur des sujets obscurs. Omniprésents dans les cours de justice, ils font partie des nouvelles personnalités de la mythologie contemporaine.

Certains œuvrent avec la matière physique (les pathologistes, chimistes, ingénieurs, spécialistes en scènes de crime, etc.) et ont pour mission de recréer ce que les accusés présumés ont fait. Les autres œuvrent avec la matière grise (les psychiatres, psychologues et psys en toute matière) et doivent expliquer ce que des êtres ont pensé, projeté, prémédité, refaire le cheminement qui les a conduits à l'acte, la perte des facultés de jugement, s'il y a lieu, la façon dont ils ont souffert ou fait souffrir, et autres facteurs du genre. Bref, les premiers dissèquent le «comment?»; les seconds, «le pourquoi?».

Qui n'a pas vu témoigner les experts a manqué un exposé magistral! Il y a ceux qui, réalistes, déposent sobrement de ce qu'ils ont vu, entendu ou conclu avec nuances appropriées, ceux qui, la tête dans les nuages, vivent dans un univers d'expressions toutes faites, composé de mots étranges, complexes, à l'image de la science dont ils se prévalent, et enfin d'autres qui se délectent avec obstination de leurs propres idées, se répètent sans se lasser et pratiquent l'autocitation avec une mine gourmande. Ils sont un monde, une communauté. Certains ont du talent, tous en espèrent.

Ils s'avancent donc à la barre des témoins avec l'assurance tranquille que leur donne la science, théoriquement dotés des qualités originelles que sont l'impartialité, l'indépendance, la sérénité. Ils sont convaincus pour la plupart que leurs constatations éclaireront les zones d'ombre du dossier, qu'elles forceront les gens de droit à se poser des questions auxquelles ils n'avaient pas songé ou qu'ils évitaient d'agiter de peur de perdre leurs propres conclusions.

Ce qu'ils craignent? C'est de se contredire, conscients que les avocats sont habiles à transformer les réponses ou les pages arides d'un rapport en des armes de combat, de se faire dire sur un ton condescendant qu'ils détiennent des vérités relatives et momentanées en regard des autres aspects du problème, et surtout de se faire contester par un autre expert qui affirme que le contrepied de leur analyse repose sur des bases aussi solides. Dans cette dernière éventualité, les couteaux volent bas sous des paroles aimables... et souvent, il arrive que leurs dépositions finissent par opposer un argument à un autre, un oui à un non.

Parmi ces distingués consultants, arrêtons-nous aux témoignages d'un pathologiste et d'un psychiatre, vu le rôle crucial qui leur échoit. L'expert en pathologie explique, par exemple, avec force gestes, comme s'il disséquait devant la Cour, le trajet d'une balle à travers les chairs de la victime. Il va sans dire que l'on s'attardera longuement sur son témoignage pour obtenir des précisions : le jour, l'heure, les distances, les postures, ce qui s'est passé, ce qui s'est peut-être passé, ce qui reste comme preuves dans ce qu'on a tenté de faire disparaître, les examens pratiqués en laboratoire, etc. Le récit est éprouvant et laborieux. Même l'assassin présumé ne s'y reconnaît pas ou peu : tout s'est passé si vite.

Quant au psychiatre, il témoigne sur un mystère : le secret de la délibération intérieure au terme de laquelle un être humain devient un criminel. Quand décide-t-il de faire l'acte ? Sous quelle influence franchit-il la ligne ?

Comment fixe-t-il le moment d'agir ? Peut-être que l'auteur présumé n'en sait rien lui-même et aurait obéi à une vague d'impulsions, de sentiments, d'idées auxquels il est étranger. Après tout, l'homme n'est pas d'une pièce...

Parfois, qu'il s'agisse de l'un ou l'autre de ces experts, arrive un moment où il lui faut avouer son impuissance qui, indirectement, est aussi celle de la justice. Cela s'explique. Le savoir scientifique n'est-il pas le doute perpétuel obligeant à remettre en cause ses croyances, ses idées ? Par ailleurs, d'autres explications sont concevables, peu académiques, plus profanes, mais à la portée de tout observateur attentif aux débats du genre.

Une première source d'erreurs possibles origine du fait que nous cherchons à reconstruire le drame d'un autre avec notre mentalité, que nous cherchons à découvrir et à interpréter ses pensées les plus secrètes qu'il s'efforce de cacher au fond de lui-même. Il y a plus : c'est avec des mots que l'on reconstitue non seulement les faits, mais également des éléments insaisissables tels qu'une intention, un mobile, une impulsion. Or, certaines choses se dénaturent dès qu'on leur applique une appellation, d'autant plus que l'expert n'est jamais certain de l'employer dans le même sens qu'un autre. D'où son hésitation se justifie ; elle grossit même dans la contestation. L'habitué des joutes du prétoire le sait fort bien : il laisse toujours une porte ouverte en cas d'erreur.

En définitive, on exige beaucoup des experts : on recherche non seulement leur avis sur les faits, mais on les force aussi à donner leur appréciation, ce qui en fait indirectement des juges, alors que ce n'est pas leur rôle. En retour, ils font ce qu'ils peuvent, conscients que la science d'aujourd'hui peut avoir du retard sur l'époque et nous réserver de profonds démentis demain. Aussi, satisfaire la justice, comme elle le voudrait, par un oui ou un non est fort rare. Si la réponse est précise, elle n'est peut-être pas si sûre…

Pour l'instant, on peut reconnaître cette faiblesse du système, mais on ne peut faire plus. À défaut de clarté, la justice en tire souvent avantage… même en rechignant. On attend toujours un mode de substitution.

Les chroniqueurs judiciaires

Voici des gens qui passent une partie de leur vie à regarder juger les hommes. Ils représentent la presse, mais ce sont des journalistes d'un genre très particulier, appelés à dire ce qu'ils pensent des décisions des Cours.

Sur eux, repose la notion de publicité de la justice que ce soit pour son intérêt notoire sur la vie de tous les jours ou pour sa valeur d'exemplarité. Plus l'affaire est scabreuse (procès passionnel ou financier) plus sa sanction doit être publique. En plus, au plaisir des rédacteurs en chef, elle est source de profits.

Toujours là, discrets de voix et d'allure, ils connaissent le palais dans ses moindres recoins, sont au fait de ses humeurs, de ses ruses, de ses ragots. Ils entretiennent des relations privilégiées avec des employés des greffes, des policiers, des agents de sécurité lesquels, dans le flot des dossiers, leur signalent ceux susceptibles de distraire du quotidien.

Ils en savent beaucoup sur les avocats et les magistrats, mais se gardent bien de le dire, échangent des sourires avec certains, surtout avec ceux qui apprécient leur présence dans les salles d'audience où ils officient, même si on fait semblant de ne pas les remarquer. C'est signe que l'affaire sort de l'ordinaire et sera publicisée, ce qui n'est pas pour déplaire... Peu à peu, ces gens ont appris le droit dans les aires des palais et sont devenus en fait «le public». Le risque : c'est qu'ils se fassent eux-mêmes juges... mais, par expérience, ils évitent les zones de non-droit. Rien de commun avec la médiatisation sauvage pratiquée par certains adeptes de l'information qui exigent une liberté totale au détriment de la vie privée et des droits des gens.

Toutefois, à vivre ainsi de procès en procès, s'est formée en eux une carapace d'indifférence. C'est surtout voyant en période d'étiage des dossiers alors que se font rares les affaires qui présentent suffisamment d'intérêt et d'importance pour être racontées. Ils ont la désagréable impression de sentir le temps s'étirer et leur travail en souffre. La vie du palais se limite alors à des comptes-rendus sommaires écrits sans mise en scène ni mouvement.

Heureusement, la passion renaît à l'occasion d'un procès qui, entre autres, présente un aspect théâtral. Les chroniqueurs profitent du pathétique ou du dramatique. L'excitation s'empare d'eux alors que commencent les batailles pour débrouiller le passé et décider de l'avenir d'un être humain. Leurs plumes se décrispent; ils rassemblent leurs phrases, construisent des textes où ils s'efforcent de sauvegarder l'équilibre entre la liberté d'opinion et l'équité du procès.

C'est un fait que la justice est lourde, qu'elle est lente, que la procédure fouille le détail : aussi faut-il la démystifier, la justifier parfois. Raconter comment elle se rend, écriture mise à part qui ne s'explique ni ne s'enseigne, exige du rythme, une narration tendue où tout doit être dit, ramassé de façon responsable sous l'angle de l'exactitude des informations et de leur pertinence. À cela s'ajoute un devoir de contrôle pour sauvegarder la mesure et prévenir les excès. C'est quasi une fonction de scénariste, y compris dans le choix des titres, en retenant à ce sujet qu'un mot suffit quand il est fort.

Tout cela, qui n'est pas sans importance, est peu de chose à côté de la menace qui pèse sur ce genre de presse. Il faudrait pour en parler judicieusement, anticiper les effets de l'intoxication par le petit écran en voie de développement. Nous y sommes déjà. Le court, l'instantané qui couvre aussi la nouvelle judiciaire, est privilégié par rapport au journal imprimé, ce qui risque de faire disparaître l'analyse, la réflexion, la distance et ce qui participe de la culture. Chose certaine, il y aura toujours des gens réfractaires à la vie par écrans interposés, préférant les médias écrits dans une bonne langue, par de bonnes plumes et véhiculant une véritable substance, y compris dans le domaine de la justice. La vérité judiciaire, ne l'oublions pas, se construit lentement et non par des éléments provisoires distillés pour corser un récit, ce qui risque d'entraîner le citoyen dans l'acte de juger.

Les jurés

Peut-être inspiré par la déesse Thémis, l'homme, jusqu'alors soumis à une justice arbitraire pratiquée dans une ambiance féodale, se rebella vers 1066, après la conquête normande de l'Angleterre. Une institution consistant en une forme de jury fut créée. Elle était destinée à exercer une fonction réparatrice qui échappe toujours à l'éternel devenir.

Depuis lors, on y parle, on y écoute, on y juge et on y distribue les sanctions sur une balance très fine et très ancienne qui ne doit de rester en équilibre qu'au «bon sens populaire» qui la soutient.

Certes, au fil du temps, l'évolution des mentalités a conduit à de nombreux aménagements institutionnels. Ainsi, originairement limité à établir les faits, le jury étant en principe plus compétent pour ce rôle que le juge plus lointain, le système prit vraiment son essor en 1215 par l'adoption de la *Magna Carta*, en Grande-Bretagne, le plus ancien texte constitutionnel de tout le monde occidental. Désormais, on reconnaissait au jury le droit de statuer non seulement sur les questions de faits, mais aussi sur les questions de droit.

Cette Grande Charte obtenue à l'arraché par les barons d'Angleterre révoltés contre le roi Jean, confirme ce qui précède et mérite qu'on s'y arrête. Elle proclamait que :

> Nul homme libre ne sera arrêté, ni emprisonné, ni privé de ses biens, ni condamné, ni proscrit, ni ruiné d'aucune façon et nous ne prendrons, ni n'ordonnerons d'actions contre lui, sauf par suite du jugement légal de ses égaux, conformément à la loi du pays. Nous ne vendrons, non plus, ni ne refuserons, ni ne retarderons à personne ses droits ou la justice.

Outre la composition du jury qui, au fil des siècles, s'est progressivement fixé à douze personnes, un autre aménagement consacré en 1670 mérite d'être souligné, ne serait-ce qu'en rappel des mœurs du temps : on enleva aux juges fautifs le pouvoir d'intimider les jurés par des emprisonnements ou des amendes pour les faire pencher en faveur de leur verdict préféré…

Quoi qu'il en soit, au terme de multiples réformes dont certaines ont entraîné un amoindrissement de son importance, notamment en matière civile et d'autres qui ont eu pour effet de rendre le rôle du jury plus technique en matière criminelle, il demeure que le poids traditionnel du jugement par les pairs reste toujours incontesté. Toutes les tentatives de porter atteinte à cette institution démocratique ont été vouées à l'échec. On a dit récemment, à juste titre, que «les jurés transformés en juges non professionnels apportaient aux juges professionnels une sensibilité différente qui constituait un élément de légitimation supplémentaire d'une décision.»

Quant aux jurés d'aujourd'hui, plus instruits, moins mystiques, leurs réactions, inhérentes à ce mode de procès sont identiques à celles de leurs prédécesseurs : d'abord, la surprise d'être appelés comme candidats, la satisfaction, après tirage au sort de leurs noms, de s'être victorieusement prêtés, devant le tribunal, au jeu des récusations et finalement le drame d'avoir à décider.

Les jurés sont les derniers exemples de démocratie directe et d'une certaine transparence de la justice. Les uns, même ceux qui s'estiment conscrits, sont sensibles au fait d'être reconnus pour leur bonne réputation ; les autres veulent vivre cette expérience unique : être un juste parmi les justes...

Quiconque a fréquenté de près une cour d'assises sait la gravité, la tension, l'émotion qui y règnent. L'audience est ouverte dans un brouhaha vite réprimé par le huissier-audiencier qui, d'une voix sèche, adresse un avertissement au public. L'accusé est amené dans le box, observe les candidats jurés d'un œil inquisiteur ou feint l'indifférence. Du jury éventuel dépend son avenir. Ceux-ci le regardent à peine, bien que sa tête ne soit pas sans intérêt, absorbés qu'ils sont pour l'instant par la gravité du choix qui se fait parmi eux.

Le grand jeu commence. La poursuite recherche des gens qui respectent d'instinct l'autorité ; la défense vise plutôt celles et ceux capables d'exprimer des pensées personnelles, peu enclins à prendre pour acquis tout ce qui sera affirmé par la poursuite.

On récuse un candidat : il se raidit ou détale prestement. Les avocats n'expliquent jamais. Pendant quelques instants, il se sent rejeté… Il s'interroge sur ce qu'il a pu dire ou faire ; le public se pose des questions. Lorsqu'un candidat est choisi, il jure de juger sans passion, rejoint les autres sur le podium réservé au jury et alors, par coups d'œil rapides, s'engage, avec l'accusé dans un dialogue voilé qui se poursuivra jusqu'à la fin.

Quant aux avocats, ils les pèsent du regard et s'interrogent. Ont-ils bien utilisé leurs récusations ? Juger sans passion, le pourront-ils ? Comment résister à la famille, aux amis, aux médias, eux qui ne sont pas jurés, mais n'en pensent pas moins ? Comment les convaincre ? Le procureur de la poursuite sera agressif, impitoyable, vertueux à souhait, soucieux d'attirer la sympathie des jurés. Pour l'avocat de la défense, le but d'un procès n'est pas de connaître la vérité, mais de convaincre ces douze personnes de l'innocence de l'accusé.

Une fois l'affaire entamée, les visages sont moins rigides, le comportement plus détendu. Même l'ennui perce parfois. Entre-temps, les jurés se sont faits à l'idée de juger, non pas sans preuves, mais selon leur intime conviction.

Arrive le délibéré, lequel s'engage dans un dédale d'impressions et de certitudes qui s'opposent au fil des discussions. Souvent le ralliement se fait, en dépit du soupçon qui persiste chez certains. Se ranger à l'opinion des autres, lorsque possible, n'est pas signe de faiblesse, leur a-t-on dit, et ils peuvent appuyer le verdict sur cette option.

La société, soucieuse de se protéger, s'est déchargée sur eux du fardeau d'avoir à décider même au risque de l'erreur. Les jurés le savent, le ressentent fortement lors du prononcé du verdict. Le regard neutre, ils s'efforcent de ne révéler aucun indice à l'accusé qui les scrute anxieusement, ni au public qui, pour la plupart est là plus par curiosité que pour l'œuvre de justice. Le silence! Une voix seule prononce le verdict qui dispose de l'avenir d'un être humain; il lui enlève un morceau de vie ou l'acquitte sous des applaudissements frénétiques.

Par après, les jurés retournent à leur quotidien. Les souvenirs demeurent, ravivés de temps à autre par les vieux journaux conservés précieusement par leurs proches. En outre, le récit personnel souvent embelli de cette expérience unique a pour effet d'écarter le doute s'il y a lieu, au fil des redites...

Le « fil d'or »

Ainsi est surnommée la «présomption d'innocence», règle devenue à travers les siècles et les civilisations, un élément vital de la justice pénale. Elle repose sur la reconnaissance du droit d'un accusé d'être présumé innocent d'une accusation tant et aussi longtemps qu'il n'a pas été jugé et condamné.

Aborder cette règle c'est s'écarter de l'objectif original, c'est-à-dire, éviter au lecteur l'exposé de considérations strictement légales. Mais on ne peut parler des jurés, des accusés, des policiers, par entrefilets ici regroupés, sans référer à la prédominance de cette notion. Sinon, on ne comprend rien au fonctionnement de la justice pénale.

Fiers d'avoir inventé les droits de l'homme et l'habeas corpus, les pays européens s'enorgueillissent d'avoir ajouté la présomption d'innocence à leurs systèmes judiciaires, les rendant ainsi extrêmement protecteurs pour l'individu.

L'idée à la base est la suivante : « les droits de l'État doivent céder le pas devant les droits de l'homme ». Ainsi, tout accusé au départ est une victime et, à ce titre, jouit de ce droit fondamental qu'est la présomption d'innocence.

Pourquoi est-elle appelée le « fil d'or » ? Elle tire ce surnom de la jurisprudence britannique où se retrouvent souvent les mots « golden thread » en regard de l'obligation de la poursuite de prouver la culpabilité d'un accusé[12].

Il résulte de ce qui précède que, dans les États, dont le nôtre, soumis au droit anglo-saxon, le procès consiste essentiellement en un affrontement entre l'avocat de la Cou-

_____

12. Woolmington c. D.P.P., (1935) A.C. 462-481 (cause citée à titre d'exemple) : « Throughout the web of the English Criminal Law one <u>golden thread</u> is always to be seen, that is the duty of the prosecution to prove the prisoner's guilt... »

ronne, représentant du ministère public, et l'avocat représentant la défense, livré en présence d'un juge qui est censé en être l'arbitre impartial et impassible.

L'objectif primordial de ce débat judiciaire ne vise pas à déterminer la vérité sur ce qui s'est passé. La question qui fait l'enjeu de cet engagement n'est pas : «L'accusé est-il coupable?», mais plutôt : «Le ministère public a-t-il prouvé la culpabilité de l'accusé hors de tout doute raisonnable?»

Si l'avocat de la défense parvient à persuader le jury ou le juge siégeant seul qu'en dépit des soupçons qui pèsent sur l'accusé, on ne peut aboutir à une certitude absolue de sa culpabilité, alors celui-ci a droit à un acquittement.

D'autre part, ce verdict d'acquittement, à l'issue du procès, ne signifie pas que l'accusé soit innocent de l'acte reproché. Tout au plus, indique-t-il, que sa culpabilité n'a pas été légalement établie. Le ministère public n'a pas satisfait alors au fardeau de preuve qui lui incombait en raison de l'application de cette «présomption d'innocence» qui conditionne l'ensemble du droit de la preuve.

Il se peut que l'affirmation ci-haut à l'effet que « le débat judiciaire n'est pas une enquête pour déterminer la vérité de ce qui s'est passé » risque de faire froncer des sourcils... Aussi, mérite-t-elle d'être explicitée. Il est vrai qu'en principe un procès est la recherche de la vérité et généralement elle éclate, sauf qu'en matière pénale, le débat judiciaire est régi par un système juridique où des valeurs et des droits différents qui protègent l'accusé peuvent entraver cette recherche, voire la rendre illusoire.

À titre d'exemple, le respect de la dignité humaine empêche ou écarte toute preuve sur des faits obtenus par des moyens cruels et dégradants, tels que la torture, la violence, l'hypnose, qui portent atteinte à l'intégrité physique de la personne. Aussi, le respect de l'intégrité judiciaire a les mêmes conséquences vis-à-vis les illégalités commises par les forces de l'ordre telles que les arrestations arbitraires, les saisies sans mandat et autres. À cela s'ajoute la protection de l'innocence en vue de minimiser le risque d'erreur judiciaire. Elle freine parfois la preuve par l'application de cette maxime universellement connue : «Vaut mieux, lorsque les preuves sont incertaines, un coupable impuni qu'un innocent injustement châtié[13]».

Voilà donc, selon la conception anglo-saxonne, ce qu'est ce «fil d'or», symbole de sagesse et de prudence qui court à travers notre justice pénale. Et en regardant par-delà les frontières les systèmes judiciaires des États, on constate qu'en dépit de leurs différences, il est unanimement reconnu que l'innocence suspectée à tort doit entraîner une décision libératoire en faveur d'un accusé. Ainsi, sous l'empire du droit français, ou latin, également essaimé à travers le monde, l'application de la présomption d'innocence est intégrée dans les institutions de la justice. En ce sens, cette appellation de «fil d'or» est universelle.

Les jurés en sont longuement instruits par le juge avant le délibéré. Les accusés s'y agrippent avec un espoir extrême. Les policiers lui reprochent souvent de faire perdre à la justice son visage de grandeur...

13. Jean de La Bruyère (1645-1696), fervent des libertés humaines, avait exprimé cet aphorisme comme suit : « Un coupable puni est un exemple pour la canaille ; un innocent condamné est l'affaire de tous les honnêtes gens ».

Les accusés

L'éclatement des valeurs et l'errance des conduites ont fait proliférer les accusés. Les silhouettes sont disparates, allant de l'homme aux multiples délits qu'un cynique dirait toujours destiné au système judiciaire, jusqu'au financier à la cupidité débridée en passant par l'auteur d'une affaire passionnelle.

En filigrane se retrouvent dans ce schéma les meurtriers, les voleurs, les vendeurs de stupéfiants, les violeurs et autres criminels de tout genre. Les signaler suffit : la publicité les a suffisamment hissés sur le pavois.

Qu'ils soient en détention préventive ou en liberté provisoire, tous les accusés, déjà prisonniers d'une justice qui se questionne, vivent à des degrés divers l'angoisse intérieure, la méfiance et l'abandon des autres avec une seule espérance : la pleine liberté. Les jours passent lentement ; le temps compte double. Les nuits recréent le drame. Par quelle fatalité en sont-ils arrivés là ? Certains finissent par l'accepter, d'autres s'y refusent. Malgré tout, même coupables, ils espèrent et rêvent d'un miracle qui n'arrivera pas…

Le jour du procès souhaité par les uns, craint par les autres, on découvre l'inégalité fondamentale entre les humains, inégalité d'abord de la classe sociale où la naissance les a inscrits et aussi inégalité des dispositions naturelles, ce qui provoque la révolte ou l'abattement.

Revenons aux profils ci-haut où les accusés furent condamnés. Mauvaise éducation, chômage, repli sur soi, mépris de la loi, délinquance, voilà le lot de l'accusé qui est passé des petits aux gros délits. Enfermé dans un individualisme qui lui fait confondre ses intérêts privés avec l'intérêt public, il vit le mythe de « l'identité » en son sens égoïste et non moral. On ne lui a pas enseigné à croire en soi, à rechercher un sens à sa vie au lieu de la subir. Face au juge, il s'enferme dans la passivité ou cherche à ruser, habitué qu'il est à promener ses prétendus alibis ou regrets à travers les prétoires. Mais le résultat sera le même. Par la sentence, l'échec d'une vie se perpétuera jusqu'à une date maintenant connue.

Quant au dossier d'argent de grande envergure où l'accusé a abusé de la confiance des autres sur fond de spéculation, le procès révèle une éthique nouvelle qui se substitue à celle de tous les jours. Au-dessus de quelques zéros, les règles morales ne semblent pas être tout à fait les mêmes. Le préjudice causé aux victimes ne serait pas attribuable à cette personne jusqu'alors de bonne société. Non ! C'est la faute du contexte économique, du marché, des fluctuations de la Bourse qui, souvent, n'a pas affecté la sienne. Heureusement, la justice finit par retrouver sa place à travers les fausses factures, les chiffres et les documents techniques que les affaires inventent. L'accusé apprendra, selon les règles de droit et du bon sens, qu'il est soumis aux mêmes impératifs qui gouvernent les autres.

Reste l'auteur d'un crime passionnel, l'un des grands procès de l'année. Souvent, l'être qu'on juge après des mois, même des années, est fort différent de celui qu'on a arrêté. S'il témoigne avoir agi sous l'empire d'un dérèglement psychique incontrôlable, il sait qu'il sera écouté mais avec scepticisme, à moins que sa version porte vraiment et renverse le courant au point de devenir libératoire. Le jury se retire pour délibérer. Au retour, c'est oui : coupable. Impassible, il vit le reste du procès comme étranger à ce qui s'y déroule.

Enfin, pour le public en général, sous le vocable d' «accusé» se retrouve une pléthore de contrevenants à qui sont reprochés des manquements à des lois assorties d'une amende et/ou d'une peine de prison. C'est un autre visage du droit pénal, celui qui, depuis quelques décennies lui a dérobé son rôle traditionnel.

Les temps ont bien changé. On a du mal à imaginer ce qu'était le droit pénal d'autrefois : «la participation responsable à la vie commune». Cette ère reposait avant tout sur l'application du Décalogue[14] qui préservait

---

14. Les dix commandements de Dieu.

les règles essentielles de la morale sociale. La justice d'alors ne prenait pas en charge la morale qui ne relevait en principe que de la conscience individuelle, ce qui écartait bien des poursuites ou ne les aurait permises que par voie civile. Les règles tacites de la civilité et les mœurs du temps géraient les rapports humains.

Mais la société occidentale s'est transformée entraînant l'application d'une justice qui écarte le fondement moral du droit pénal. Les rapports sociaux de toute nature sont devenus enserrés. Aujourd'hui, on préfère l'égalité à la liberté, l'utilité sociale à l'indépendance privée, la sécurité à la responsabilité. Pour y parvenir, le législateur, craignant que la raison ne suffise pas et peut-être aussi par une sorte d'aveu d'impuissance, a réécrit un droit pénal moderne qui accentue le rôle de la répression, dans l'espoir d'une efficacité accrue de la lutte contre la montée des comportements répréhensibles.

Ainsi, les lois incorporent de façon systématique des sanctions pénales pour que les textes promulgués soient concrètement appliqués. De simples manquements à ces lois, même s'ils ne contreviennent aucunement à la morale, suffisent pour constituer des sanctions mises en œuvre par voie pénale pour des raisons de preuve, de coût et d'efficience. Parfois, une action pénale peut être intentée alors qu'une sanction a déjà été prise. Tel est le cas, entre autres, en matière de répression des infractions routières ou dans le domaine du droit professionnel ou financier. On constate donc une tendance à la confusion des poursuites et à la confusion des sanctions.

Cette «législation d'exorcisme», comme l'appelle un auteur, a certes des effets bénéfiques, telle l'égalité de tous devant la loi, mais aussi des effets pervers sur la conception même de la justice. De nos jours, pour bien des gens, elle se traduit en termes d'échanges : l'erreur contre le portefeuille, le crime contre la prison. C'est du «donnant donnant» ajoute un autre critique. Dans un tel contexte, le sens de la responsabilité et le remords sont souvent remplacés par le regret d'avoir été pris ou de s'y être mal pris... On s'habitue vite au sentiment de délinquance. La notion d'exemplarité n'aurait plus qu'une valeur relative, pour ne pas dire illusoire, en dépit de l'abondante jurisprudence qui persiste à l'évoquer en permanence.

Même si le présent donne un sentiment de confusion et de rupture avec le passé, retenons que le droit pénal n'est jamais que l'expression d'un moment dans une société. En ce sens, il vaut mieux écarter le constat pessimiste qui précède et parler de rationalisation et de continuité plutôt que d'en récuser l'évolution. Déjà, de nouvelles formes de criminalité se dessinent telles que le cybercrime, le trafic des immigrants illégaux, le terrorisme et autres.

L'histoire prouve qu'il faut garder foi dans le bon sens naturel, les ressources morales et l'intelligence de l'être humain doué d'un immense pouvoir de reconversion selon les circonstances.

Les policiers

Les policiers appartiennent à une race dont la carrière n'aura pas de fin. Vieille comme le monde, elle durera autant que lui.

L'exemple vient de haut. Alors que les dieux s'opposaient entre eux, Zeus lui-même, selon la tradition populaire, s'appuyait sur un bras armé pour assurer son royaume et son autorité. Il suffit de rappeler le rôle qu'il fit jouer à Heracles dans sa lutte contre ses plus coriaces adversaires : les géants.

À notre époque, dans la vie des policiers, les remous ne manquent pas ; les désillusions non plus. Leur lot quotidien est l'alternance. Un jour, ils chassent les erreurs des autres en vue du maintien de l'ordre établi ; le lendemain, ils couvrent les drames d'horreur où ils sont parmi les premiers à respirer l'odeur du crime et parfois du sang.

En principe, on s'efforce de leur enseigner la pondération. Entre autres, on cherche à développer chez eux leur don d'observation et leur force de réflexion, tout en leur apprenant à cultiver la prudence, la volonté, le doigté auxquels doit s'ajouter un bon sens de l'altruisme.

Il va sans dire que ce métier n'est pas non plus à l'abri de quelques tricheurs qui acceptent de monnayer leurs pouvoirs, de certains, heureusement peu nombreux, qui ont tendance à pratiquer une justice agressive pour, entre autres, arracher des aveux, ou qui s'adonnent au mensonge en donnant un coup de pouce même léger à leurs témoignages afin de construire une vérité nouvelle sous de simples apparences.

Oublions la grisaille journalière faite d'interventions auprès des toxicomanes, des petits escrocs, des chauffards, des récidivistes remis trop vite dans le circuit. Il s'agit là d'un passage obligé pour affiner leur qualité «d'homme de terrain». Voyons-les plutôt agir dans une affaire plus complexe, tel un crime contre la personne, en l'occurrence un meurtre dont la solution exige une lente et méthodique application.

Ils travaillent en équipe, mais un seul parle en leur nom. Chaque crime a ses odeurs : faibles ou oppressantes. Ils s'en imprègnent en engageant l'enquête à partir des lieux du drame. Une fois le cadre de l'événement replacé, ils voient les témoins, les écoutent, les enregistrent, fouillent la vie de la personne suspectée, cherchent le mobile. Le plus souvent, les dépositions s'équilibrent, malgré les mensonges ou les petites entorses à la vérité. Mais la preuve devient concluante en y ajoutant les indices trouvés sur les lieux et parfois les aveux obtenus du suspect alors mis en état d'arrestation. C'est un crime sans questions, sans bavures. Un rapport est remis à qui de droit et l'affaire suit son cours en d'autres mains.

Mais il en est tout autrement lorsqu'une impression désagréable, impossible à traduire se dégage du dossier, surtout lorsque le temps écoulé a fait perdre à l'événement son caractère affectif. Certes, les témoins s'entendent sur les circonstances d'heure, de lieu, des mots échangés, mais leur interprétation en est complètement différente. On recommence l'enquête selon un plan mûrement réfléchi. Les témoins sont répertoriés et revus à nouveau pour tenter de faire la lumière sur des points encore obscurs, mais essentiels à la découverte de la vérité.

L'objectif est de les écouter parler, de les guetter, de surprendre un regard, de percevoir un tremblement dans la voix. On joue son rôle de policier libéral et large d'esprit pas du tout répressif, ce qui est vrai dans une large mesure. Les questions sont posées sur un ton très détaché qui fait oublier leur caractère déplaisant, souvent reprises sous d'autres formes pour apprécier s'il y a dissemblance ou non.

À une certaine étape, on sait que l'autre ment. Pourquoi? C'est une question d'intuition propre à celui qui pratique sa profession avec une certaine passion. On ne se trompe pas, c'est une certitude. Reste à l'établir, autre problème encore plus exigeant. On ne peut enfermer un suspect dans un filet impossible à percer entre l'intuition de la vérité et le dossier qui ne traduit pas ce sentiment. C'est alors une question de temps. Tout finit par se reconstruire autour de l'auteur présumé du crime et permet enfin de le proposer à la justice.

Reste l'étape du procès qui n'est pas la moindre. C'est la phase des imprévus. Les policiers connaissent bien tous les rouages du système judiciaire. Ils savent bien qu'il suffit d'une violation des droits de l'accusé, d'un nouvel indice, d'un témoin qui se rétracte, d'un écart de stratégie pour que la vérité soit voilée et même qu'elle disparaisse dans la lutte pour l'acquittement. Le rôle de la défense, ne l'oublions pas est de faire naître un doute raisonnable concernant la culpabilité et non de faire la lumière à tout prix. À l'issue de l'épreuve, il arrive que la vérité soit tellement transformée que plus personne ne sait précisément où elle se trouve.

Des succès et des échecs, les policiers en connaissent beaucoup. En cas de revers, reste le désenchantement, après tant d'efforts et d'énergie, de voir un coupable en liberté. Qu'importe ! Les déconvenues s'évanouissent vite devant la multiplication des affaires à résoudre.

Il est facile de parler de brutalités policières. Mais qui peut mesurer l'incroyable difficulté du maintien de l'ordre dans une société où la violence prend les formes les plus diverses ou inattendues ? Les policiers assument la plus ingrate des tâches, pris entre la petite et la grande délinquance, les manifestations qui dégénèrent, les excès des minorités politiques, le terrorisme sauvage. Leur comportement est, de façon générale, celui d'hommes matures, conscients de leurs pouvoirs et de leurs responsabilités. Souvent doivent-ils se résoudre à manifester de la sollicitude envers des criminels endurcis.

Leur destin est de continuer à protéger la société, la masse des gens qui ont accepté un ensemble de règles pour vivre en commun.

L'univers carcéral

Entre différents regards posés sur le monde de la justice se profilent des silhouettes de gens qui paient le tribut de leurs délits par des tranches de vie perdues.

«La vérité est souvent triste», disait Renan[15]. Mais la détention, si drastique soit-elle, est nécessaire si l'on veut que l'acte de justice garde toute sa valeur.

Accolés l'un à l'autre, ces deux mots – univers carcéral– avaient une résonance plutôt sinistre rappelant l'héritage de la loi du talion. Les mœurs s'étant adoucies, on s'est employé, depuis quelques décennies, à réformer le langage, à revoir l'architecture et l'inventaire des lieux selon les offenses, dans le but d'atténuer la rigueur de ce monde par trop effrayant.

---

15. Ernest Renan, philosophe.

Ainsi les mots-clés : « prison–pénitencier-gardien–prisonnier » traduisant l'antique concept de la geôle sont devenus : « établissement correctionnel ou maison de détention-surveillant-détenu », mais sans grand succès auprès du public pour qui les substantifs anciens sont plus descriptifs, ancrés de temps immémorial dans le franc-parler populaire.

À l'exception des maisons pour jeunes, les bastilles d'autrefois et bâtiments sombres aux murs souvent lézardés ont été remplacés, loin des habitations, par d'immenses ensembles en forme d'étoile faits de béton, d'acier avec intérieur en verre dépoli, mais, sans doute en souvenir du passé, avec extérieur de couleur muraille.

Tout y est clair, large, net, comportant des espaces de liberté pour pratiquer des sports, suivre un cours, apprendre un métier, rencontrer des conférenciers, des psys, écouter de la musique, visionner un film à l'occasion, etc. Il ne s'agit plus d'un monde isolé et secret. La société y entre, y travaille et un tel accès serait de nature à favoriser la réinsertion, s'en vantent leurs concepteurs épris de l'idée d'un pseudo-exil valorisant.

Nul n'est contre la modernité. Mais, à l'usage, la réalité est moins probante. Si l'homme ne semble plus le prisonnier de l'homme, il est de plus en plus celui de la machine représentée par un énorme clavier aux touches lumineuses, qui régit chaque instant de la vie des détenus. Les personnes sont malheureusement oubliées derrière les numéros. Des critiques avertis laissent entendre qu'on a voulu trop rassembler, trop centraliser. Un mal nouveau et insidieux s'est créé dans ce modèle considéré comme surfait : «la masse».

Cette plaie affecte autant ces hauts murs après les jugements de longue durée que ceux où le suspect est gardé en attente avant d'être jugé ou condamné à y revenir pour satisfaire à de courtes peines.

En effet, tout est mélangé dans cet univers aux normes géantes : ceux qui n'ont fauté qu'une fois, ceux qui résistent au seuil de la délinquance et ceux qui se sont définitivement engagés dans cette voie parallèle. Les caïds s'y imposent alors que les faibles se soumettent. En raison de cette coexistence, voire de cette promiscuité, s'y reconstitue entre autres une culture de bande, de gang en vue de poursuivre des activités délinquantes bien connues telles que la planification d'agressions, le commerce des drogues, etc.

Dans «la masse» se retrouvent aussi des sujets aux tendances suicidaires, d'autres malades placés là parce que jugés dangereux pour l'ordre public ainsi que des êtres qui poursuivent sur place leur rébellion personnelle. Autant d'individus perturbateurs, dangereux, qui créent des situations complexes et éprouvantes pour le milieu. Dans l'état actuel des choses, force est de constater que ces grands établissements d'humanité froide n'ont que peu de moyens de rendre meilleurs les hommes qu'on y met à l'écart. Ceux-ci restent pour la plupart des inconnus en pointillé consignés dans des murs sous guirlande de barbelés.

Peut-être qu'après l'engouement du «fonctionnel» qui caractérise notre époque, songera-t-on à revenir à des lieux de détention plus réduits où les visites ne seront plus des voyages sans fin et où les contacts et les affections pourront être resserrés. Ainsi seront restreints les effets négatifs de l'incarcération sur les relations familiales et la collectivité. On connaîtra mieux ceux qui y sont consignés et la réinsertion dépassera réellement le stade d'un vœu pieux.

Ce programme entraînera nécessairement des déboursés substantiels qui seront éventuellement compensés par une réhabilitation véritable et concrète et le sentiment que les années d'incarcération ne se sont pas écoulées en pure perte.

Par ailleurs, les États sont à la recherche de substituts à la prison traditionnelle afin de réaliser des économies et de favoriser d'avantage la réinsertion sociale des délinquants. À cet effet, ils expérimentent des modes d'emprisonnements virtuels tels que la surveillance électronique à base de bracelet ou de puce intégrée.

La prison est une calamité que l'on cherche à ignorer, dont on veut s'éloigner par indifférence ou par aversion. Sur cette réalité, quelqu'un a dit un jour : « Le drame est que souvent, on fait semblant de ne pas s'y reconnaître. »

La justice, cette mal-aimée

Dans le discours ordinaire sur la justice, on entend souvent dire que «n'importe quel règlement vaut mieux qu'un procès» ou encore «vaut mieux éviter d'y avoir affaire même si on a raison». De plus, si le sujet porte sur la justice pénale, alors les fantasmes explosent: «la justice est laxiste – les riches s'en sauvent – la justice est aux ordres de l'État – la justice relâche les coupables» et la liste n'est pas close.

Comment expliquer qu'à notre époque où tout change, on ait gardé en héritage ces résurgences d'un autre âge? Dans la réalité, tout cela est faux et absurde. Mais ces préjugés témoignent d'une déception à la mesure de l'attente. Sans rêver d'une justice parfaite, ce qui ne s'applique qu'à la justice divine, manifestement la justice humaine n'est pas telle que le peuple la veut. L'histoire de nos citoyens et de leur justice, c'est l'histoire d'un amour déçu, sentiment qui semble également généralisé chez les autres peuples.

Disons les choses en quelques mots et en gros. Si la justice est mal-aimée à ce point, c'est qu'elle est atteinte dans ses trois dimensions : d'abord dans sa réalité au quotidien, puis dans sa symbolique et enfin dans son imaginaire.

Cette méfiance s'explique par le constat que les justiciables peuvent faire tous les jours. On veut divorcer ? On est engagé dans un procès civil ? On veut faire exécuter un jugement ? On est poursuivi au pénal pour une infraction ? Autant d'actes qui portent atteinte à la justice dans sa réalité au quotidien : procédures d'une durée parfois intolérable – recours en appel souvent dilatoires – absence d'hétérogénéité des décisions – utilisation d'un langage éso-térique, des rites souvent désuets, coûts prohibitifs, etc. Tout cela est ressenti à juste titre comme autant de dénis de justice et ne répond pas au rythme de la société du XXIe siècle.

Les choses doivent être claires. La justice, qu'elle soit civile, administrative ou pénale, crée des frustrations : mécontent celui qui perd son procès car on l'aura assuré, parfois avec raison, de son bon droit ; mécontent maintes fois celui qui gagne car il lui aura fallu attendre des années et engager de fortes dépenses pour faire reconnaître le bien-fondé de ses prétentions ; mécontente aussi la victime qui considérera son dédommagement comme décevant et tardif. Les justiciables considèrent que la justice n'est pas à la hauteur de leurs attentes. La justice fonctionne mal. Même plus, la situation se dégrade au fil des années.

La justice est également désavantagée dans sa dimension symbolique : elle a perdu de son prestige. Les juges sont vus aujourd'hui comme des fonctionnaires relevant d'un ministère déconsidéré par rapport aux autres, qui n'agit que sous l'effet de crises ponctuelles ou de scandales en série qui suscitent la réprobation publique.

Quant à l'imaginaire du peuple sur sa justice, il est nul en raison des failles ci-haut décrites. De tout temps, on a aimé railler la justice et le monde qui gravite autour d'elle : la littérature en porte témoignage. Mais la justice n'en imposait pas moins le respect. À notre époque, il en est autrement. Les justiciables déçus dans leurs prétentions, accueillent les décisions avec résignation pour ne pas dire plus, ou encore ils croient être victimes d'une injustice ou d'un refus social de se voir rendre justice.

Pourtant, depuis une décennie, sous l'effet de la révolution des techniques et des mœurs, des changements considérables ont été réalisés dans le but de rendre la confiance et de rapprocher la justice des citoyens : informatisation, augmentation du nombre de juges et du personnel, palais nouveaux ou améliorés, simplification encore timide de certaines règles de procédures tant au civil qu'au criminel, écoute des victimes et autres. Même si l'on sait que la justice ne peut vieillir, on s'efforce ainsi de la régénérer.

C'est par la poursuite de réformes du genre et surtout la lutte contre la réglementation abusive que la société, un jour, aura le sentiment que la justice est devenue un service public avec quelque chose de plus : un service public qui porte le nom d'une vertu doublée d'une espérance. Celle-ci consiste à donner au peuple ce qu'il demande c'est-à-dire une justice rendue non seulement avec compétence et sérénité, mais aussi avec équité, clarté, selon une législation plus aérée et, avant tout, avec efficacité au quotidien. Beaucoup a été fait, beaucoup reste à faire.

Bien faire fonctionner la justice et ne pas décevoir les attentes, voilà le défi de l'avenir.

De certains travers contemporains

Un dîner bien réussi en ce début d'automne. Il y a là cinq ou six femmes vives et belles comme on en fait en ce coin de pays. Et autant d'hommes de divers âges, hauts fonctionnaires, cadres supérieurs d'entreprises, professionnels. On parle de choses et d'autres avec beaucoup de gaieté : cinéma, télévision, sport et naturellement, politique et justice. On s'attarde sur ce dernier sujet en raison de procès controversés hautement médiatisés.

« Ce qui me scandalise, dit Françoise, c'est de voir les avocats plaider leurs dossiers sur le petit écran plutôt qu'au prétoire. On entend tout et son contraire et on a l'impression que, quoique décide le tribunal, on aboutira à une erreur judiciaire. Pourquoi ces palabres en public ? Qu'a-t-on fait de la retenue ? »

Bruno enchaîne. « Récemment assigné comme témoin, j'ai vu le travail imposé à un juge au pénal. Voilà un homme seul aux prises avec une pile imposante de dossiers à mener qui prend avec le minimum de réflexion le maximum de responsabilités. C'est inquiétant. Qu'attend-on pour corriger telle situation ? Qu'arriverait-il si j'étais un accusé devant ce juge à qui ma tête ne revient pas ? »

« D'où vient cette dégradation des rapports entre juges et avocats comme on l'a vu récemment, s'interroge Paul ? Ne se rendent-ils pas compte que de tels différends envenimés par les médias minent la justice ? Pourquoi ce manque de considération entre gens de même formation et en contact quotidien ? Que devient l'éthique ? »

« Pour ma part, dit Jacques, je constate qu'on a créé un système qui permet aux médias de rapporter les poursuites et ces derniers ne se gênent pas pour passer des commentaires souvent biaisés. Par après, l'accusé a droit à un procès juste et équitable.

Comment expliquer que l'on n'ait pas encore réussi à créer un régime équilibré, basé sur des engagements précis et enfin respectés, entre la liberté d'opinion et la sauvegarde de la présomption d'innocence ? »

Le ton est donné. D'autres anomalies sont soulevées : la confusion qui ressort de lois comportant plus d'articles d'exceptions et d'interdictions que de droits, assorties en outre de références à d'autres lois existantes de sorte qu'il en résulte une véritable pagaille. Aussi, dans l'application journalière de la justice le manque d'efficacité, pour ne pas dire le laxisme, unanimement admis.

Paule, qui possède cette faculté de dire légèrement des choses sérieuses, intervient à son tour. « Vos examens de conscience sont d'excellents exercices, mais pour ma part, je crois que la justice avance : aujourd'hui, on punit même le blanchiment d'argent sale. Un humoriste a bien commenté cette évolution : " C'est bien la première fois qu'une démarche visant à la propreté constitue un délit " ».

Après cette boutade, les regards pointent naturellement vers Charles, ancien bâtonnier. C'est un homme du concret, passionné de justice. Résumons son discours débité avec passion.

Les causes du malaise actuel, d'ailleurs généralisé dans l'univers démocratique, sont d'ordre matériel, bien sûr, mais surtout d'ordre moral, ce qui est plus grave. À chaque jour, à travers des expériences personnelles, il rencontre des avocats révoltés par les imperfections du système et l'impuissance à y porter remède. Aussi il voit des citoyens – justiciables en puissance – qui préfèrent renoncer à l'exercice d'un recours plutôt que de faire face aux coûts, aux délais et autres inconvénients.

Au surplus, les justiciables ont bien changé. La confiance en la justice n'est plus ce qu'elle était. La société est devenue plus diverse. Aujourd'hui, il arrive même que l'on se préoccupe du nom ainsi que du caractère et des sympathies politiques du juge ayant à connaître son affaire. Autrefois, jamais un client ne s'en souciait. Ce fait déplorable dénote chez un certain public une tendance à confondre politique et justice.

Le pouvoir politique, le pouvoir judiciaire, les auxiliaires de justice n'ont-ils pas, chacun, leur part de responsabilité? En regard des ressources humaines et matérielles minimales, l'État persiste à oublier qu'une justice digne de son nom et de sa mission ne s'évalue pas strictement en seuls termes économiques. De plus, malgré des affirmations solennelles, il s'ingénie encore à se prémunir contre des décisions de justice qui lui causeraient des désagréments.

Quant au pouvoir judiciaire et aux auxiliaires de justice, leur conception entre autres du devoir de réserve n'a-t-il pas perdu de sa rigueur? Il se dit choqué de lire ou d'entendre à la radio ou à la télévision des déclarations d'avocats, parfois même de magistrats, relatives à des dossiers dont ils ont la charge. Il est conscient de l'intensité de la pression dont ils sont l'objet ainsi que des tentations que fait naître le désir de paraître à la télévision, mais de là à croire que la justice y trouve son compte, il y a une marge. Ce problème devrait être repensé sous l'angle de la déontologie en fonction de la croissance des appétits d'information.

Et le public? N'a-t-il pas des comportements qui engagent également sa responsabilité? Ainsi, le goût du scandale fait vendre. Sa réaction? Il s'empresse d'acheter les journaux ou se précipite sur la radio ou la télévision pour en savoir davantage. Les médias accordent aux pulsions émotionnelles de l'opinion publique un écho disproportionné à celui qu'ils consentent au quotidien normal de la collectivité.

Reste une faiblesse actuelle de la justice, particulièrement en matière pénale, qui n'a cessé de s'aggraver et qui est fort déplorable : le manque de considération apparent de certains avocats pour certains juges et réciproquement, alors qu'une bonne justice exige un minimum de confiance entre ceux qui représentent et ceux qui jugent.

Aucune crise n'est plus grave pour la démocratie que celle de son institution judiciaire. On n'en est pas là, malgré certains errements attribuables à l'air du temps qui met en repli entre autres la civilité, la retenue pour faire place à un esprit libertaire marqué d'une volonté de confrontation. Les gens vivent dans l'âge de l'irrévérence systématique qui ferme les portes au lieu de les ouvrir.

Aujourd'hui, toutes les institutions se ressentent de la dégradation de la moralité qui réduit le périmètre de confiance. Cet abaissement spirituel général est attribuable à diverses causes qu'il n'est pas question de traiter ici. Limitons-nous à référer aux conquêtes accélérées de la technologie qui se déploie partout dans le monde de concert avec un allié très redoutable : le profit matériel. Mais il y aura résurgence. La justice a cet immense avantage de reposer sur ce besoin inné des humains à rechercher et à imposer socialement des règles éthiques formelles qui reposent sur le bon sens, la conscience, la retenue et l'honnêteté. Lorsqu'elles sont affectées ou semblent tomber en désuétude, les gens s'interrogent, comme nous le faisons présentement, sur la valeur de leur justice et sur ceux qui participent à sa mise en œuvre en leur nom.

Il conclut en disant que du côté symbolique de la justice, le monde est orphelin. Par ailleurs, les travers ou dérives n'ont qu'un temps. C'est un phénomène inéluctable. L'histoire prouve que la justice sait résister aux confusions intellectuelles et morales passagères. Même plus, rien de ce qui arrive n'échappe à son enveloppement.

Il y eut un grand silence autour de la table. Ce silence, je m'en souviens encore...

Qui relâche les voleurs
relâche les valeurs

Cet adage appris à l'école m'est revenu à l'esprit lors d'une rencontre avec un couple d'âge avancé dont l'existence a récemment basculé d'un coup dans une cruelle tragédie. Un soir d'automne, deux jeunes délinquants ont forcé leur porte, les ont dévalisés en plus de leur infliger des sévices corporels dont l'homme sera affecté encore longtemps. Quant aux agresseurs, on les a traités avec une mansuétude qui estime ces crimes réparables par des peines de prison plutôt symboliques... sans réelle valeur d'exemplarité. C'est remettre en cause, une fois de plus, la question des sentences dévaluées.

À quoi bon arrêter les malfaiteurs, se disent ces victimes, si la société représentée par sa justice, leur accorde une telle indulgence? Le public est amené à croire que si tout est anodin, tout est possible. Et si tout est possible, où est le bien et le mal?

Au départ, les faits ici rapportés soulèvent plus d'émotion que de réflexion. On regrette que la répression ne soit pas plus sévère, que la prévention soit déficiente, on blâme la société, voire les juges. Par après, cette rencontre nous fait nous interroger sur un problème de fond, en l'occurrence sur la notion de justice et du droit comme recherche organisée de ce qui est juste. Il n'est pas de plus vaste question.

Durant des millénaires jusqu'à une époque récente, la justice était l'art d'attribuer à chacun son dû, en respect du sens de l'équité. La dignité de l'homme reposait tout entière dans sa liberté et sa responsabilité. La tâche du juge consistait à rétablir l'équilibre rompu par une inégalité commise par quelqu'un à son profit. L'axiome suivant, non écrit dans les lois, imprégnait la conscience collective : Il faut que justice soit faite.

Autres temps, autres mœurs. La notion du juste a fait place à une autre sous l'influence de la critique philosophique du XVIIIe siècle à la recherche de la société parfaite. Certes, la justice était toujours une vertu qui respecte la personne, sa liberté, les droits de l'homme, mais quant à sa responsabilité, on la transférait à la société. Elle seule était coupable pour avoir dépravé l'homme, né parfait, par ses structures sociales vicieuses. À cette doctrine s'est ajoutée la pensée néo-chrétienne humanitaire. Aujourd'hui, on ne parle plus guère de justice dans les temples : l'amour est supposé en tenir lieu, écartant la loi du talion. Ainsi s'est formée par la conjugaison de ces tendances, l'utopie orgueilleuse de vouloir vivre sans le droit, voire à l'encontre du droit.

En attendant l'établissement de cette société parfaite, le coupable est à moitié excusé par l'afflux des circonstances atténuantes. Aujourd'hui, tout s'explique, se comprend, s'excuse. Bien plus, le coupable devient très souvent l'accusateur d'une société déficiente qui l'a conduit là où il est. Tel glissement ou laxisme ambiant largement escompté lors des représentations sur sentences, n'aide pas un juge dans ses décisions vis-à-vis des candidats toujours plus nombreux à la délinquance qui ne savent pas très bien où sont les limites du juste et de l'injuste que personne ne leur a appris. Aussi ne faut-il pas s'étonner si le crime prospère et si certaines sentences provoquent des malaises dans le public, surtout en matière de crimes avec violence comme l'événement ci-haut rapporté.

Mais qu'en est-il dans la conscience des «honnêtes gens» comme ces deux victimes? Pour eux, le sentiment classique de la justice, inscrit dans la nature même de l'être humain n'a que faire de ces changements dans les idées ou dans les mœurs. Ces gens ne peuvent admettre que la justice apaise les mauvais et plonge les bons dans l'insécurité. Ils souhaitent une justice assez sûre d'elle-même pour punir adéquatement et ainsi rétablir l'égalité entre l'agresseur et la victime. On peut tout comprendre, admettent-ils, sans tout tolérer, car excuser le mal, c'est aggraver le mal.

Quand la vie devient insupportable pour les honnêtes gens, il ne reste plus, en l'absence du respect de la loi, que la peur et la haine. La première entraîne l'usage de la force, ce qui leur est souvent reproché, même s'il s'agit de légitime défense. La seconde incite la victime à récuser la médiation du juge, à se faire justice à elle-même. Ainsi, de nouvelles injustices sont créées et soutiennent la cause des ennemis du droit.

Rappelons que le droit n'existe que s'il est clair, cohérent et objectif. Il a une double fonction : « d'abord, unir en fixant des points de repère, puis de savoir séparer. D'un côté, il doit dire ce qui peut être fait ; de l'autre, ce qui ne le doit pas. Cela exige un critère moral », nous dit un commentateur. À titre d'exemple, il en réfère au septième commandement du Décalogue qui édicte : « Tu ne voleras pas... ». De temps immémorial, cette règle a bien fonctionné, mais plus maintenant. Songeons, entre autres, aux vols à l'étalage de moins en moins réprimés sous prétexte qu'ils ne suscitent que peu de réprobation.

Aussi, la vie en société, pas à pas, risque de se rapprocher de la jungle, à moins de réapprendre aux jeunes, par un enseignement moral adéquat, que l'ordre est supérieur au désordre, la rectitude aux avidités, le sens de la collectivité à l'individualisme. En édifiant chez eux des personnes dignes de leur propre respect, ils respecteront les autres, et ainsi sera éradiquée la criminalité. Faire fi de ces réalités, c'est sombrer dans l'amnésie.

Pour cela, il faut que les adultes rendent leur propre responsabilité crédible. La délinquance des jeunes n'est souvent que l'envers de la démission des parents et le reflet de ce que montrent la télévision et le cinéma, créations, hélas, de contre-valeurs.

Cette rencontre m'a fait retourner dans un monde simple, bien loin du nôtre. Je me suis rappelé cet adage ainsi que ce commentaire musclé, toujours d'actualité, d'un auteur Louis Pauwels[16] qui, un jour a écrit sur une affaire semblable : «Il y a des messianismes qui pervertissent la Loi. Il y a des entêtements qui pourrissent le droit».

---

16. Louis Pauwels, écrivain et journaliste.

Entendons-nous bien. Il ne s'agit pas de faire des juges des justiciers, de vouloir emmurer à jamais les auteurs de certaines atrocités. En matière de peine, chaque décision est isolée selon le principe intangible de la personnalisation des sentences. Le défaut de respecter ce principe ferait revenir l'humanité à des stades antérieurs de son histoire. Des distinctions s'imposent par exemple entre le crime induit par un dérèglement psychique incontrôlable, la cupidité débridée et l'affaire passionnelle classique. Après tout, les criminels font toujours partie de la société et ne sont pas voués, par définition, à être d'éternels perdants. Les possibilités de réinsertion sociale peuvent leur redonner confiance et leur faire retrouver le chemin de la dignité et de la responsabilisation.

Mais encore faut-il au départ imposer des sentences à la mesure des délits ou des préjudices causés et cesser d'accorder par anticipation aux délinquants les bénéfices de la réinsertion qui relève surtout de leur propre volonté. La seule exemplarité qui convienne à la démocratie est l'exemplarité du droit. Elle n'a rien de commun avec l'angélisme et la faiblesse susceptibles d'affecter le sens de la peine qui est avant tout un symbole public essentiel. Si le malfaiteur a porté atteinte à l'intégrité physique de la victime avec sadisme, la sanction devrait primer sur toute autre considération. C'est en ce sens qu'il est question, ici dans cet entrefilet, des sentences dévaluées envers des délinquants pour lesquels la loi n'existe pas, sauf celle du plus fort, qu'ils exercent sans ménagements.

L'idée de justice
à travers les âges

Revenons sur ces souvenirs
où nous étions d'autres hommes
qu'aujourd'hui.

Pourquoi cette citation de Pétrarque ? Parce qu'elle est jolie et se prête au sujet qui s'étend de la Préhistoire, à l'Antiquité puis au Moyen Âge pour finalement inclure les époques moderne et contemporaine. L'évolution et la perception de la justice au quotidien ont déjà été abordées. Pour bien connaître la justice, il faut connaître son passé. Voyons dans ce chapitre et le suivant ce qu'il en est dans l'histoire.

Il va sans dire que parmi ces « souvenirs » l'idée de justice y affirme sa pérennité : elle est depuis toujours l'une des préoccupations fondamentales de l'homme à la fois terrestre et métaphysique. À l'appui, il est souvent rappelé que l'idée de juger le comportement terrestre des hommes après leur mort se retrouve dans la plupart des civilisations. Cette peur du jugement dernier inspire l'image de la balance tenue directement par le dieu-juge ou par son émissaire Anubis dans l'ancienne Égypte, et par l'archange Michel, qui y pèse les âmes, dans le christianisme.

Mais là où la justice occupe une place vraiment prépondérante, c'est dans la mémoire collective. N'a-t-elle pas retenu le souvenir de Louis IX devenu Saint-Louis, rendant justice sous son chêne? Celui de Salomon, le plus judicieux des rois hébreux, utilisant une ruse pour découvrir la vraie mère d'un enfant que deux femmes se disputaient? Jésus de Nazareth condamné comme agitateur politique?

À travers les ères, s'y ajoutent non limitativement, bien sûr, d'autres affaires hors du commun, généralement de nature criminelle, qui ont laissé des traces singulièrement durables. À défaut de pouvoir se promener à loisir dans les temps, citons quelques exemples qui nous font nous interroger sur les mœurs des hommes, créatures ambiguës laissées à elles-mêmes aux prises avec les maux expulsés du monde olympien lors du départage des dieux et des hommes, ces derniers désormais soumis au temps qui passe jusqu'à la mort.

Ainsi de l'Antiquité, où tous les drames ont déjà été joués, y compris nos erreurs modernes, citons le procès de Périclès, déclaré coupable d'une guerre désastreuse avec Sparte, lui qui avait pourtant porté à son apogée la démocratie athénienne, 431 ; le sort de Socrate, condamné à boire la ciguë pour son enseignement séditieux, 399 ; celui de Démosthène tenu responsable d'une mystérieuse affaire de corruption qui l'obligea à s'exiler, 323 ; enfin le destin de Scipion l'Africain, vainqueur d'Hannibal, reconnu coupable de malversations financières, 187.

Sous notre ère, passons au Moyen Âge et aux siècles ultérieurs dits siècles de la Renaissance et des Lumières…, sauf en matière de justice. S'y retrouvent Jeanne d'Arc qui refusa de s'en rapporter au jugement des hommes, 1431 ; Sir Thomas Moore, condamné pour haute trahison, 1535 ; Marie Stuart, la reine tragique, exécutée pour complot contre Élisabeth d'Angleterre, 1587 ; Galilée déclaré coupable pour ses prétentions scientifiques, 1632 ; Louis XVI, roi de France, et Marie-Antoinette guillotinés pour crimes contre l'État, 1792.

Si l'on se penche sur les époques moderne et contemporaine prétendument évoluées, on garde bonne souvenance, en raison de leur retentissement, des crimes horribles de Jack l'Éventreur dans les rues de Londres, 1888 ; de l'affaire Dreyfus accusé en 1894 du crime de haute trahison contre la France, opposant l'un contre l'autre des pans entiers de la société.

Du XXe siècle, au départ si prometteur mais devenu le siècle des atrocités, on retient les jugements et les exécutions de Nuremberg en 1945 et 1946 pour crimes contre l'humanité lors de la Seconde Guerre mondiale, suivis plus tard par les condamnations d'autres criminels tels que Adolf Eichman en 1960 et Klaus Barbie en 1987. La mémoire collective est également marquée par les souvenirs de la bande des Quatre portant sur la succession de Mao condamnés à mort comme ennemis de l'État, 1976; de la condamnation appelée «fatwa» visant l'écrivain Salman Rushdie pour blasphèmes contre la doctrine coranique, 1988; du procès tronqué des époux Ceausescu, 1989; du génocide au Rwanda, 1994.

On prolongerait bien volontiers cette incursion sélective: laissons la mémoire collective faire son œuvre. Ce survol suffit amplement pour constater que l'intervention de la justice reflète depuis toujours les soucis ou les tourments des sociétés, mettant en scène les comportements et les mentalités propres à chaque époque, en plus d'évoquer les peurs, les espoirs, les passions et les vices des hommes.

Toutefois, à nos yeux surpris, certains faits divers des temps anciens ressemblent étonnamment à nos réactions contemporaines tels que l'annulation des mariages pour cause d'impuissance[17], les poursuites en vue de l'obtention d'une pension alimentaire

---

17. L'affaire Langey, 1659.

et la longueur des litiges[18]. L'affaire Mes, 1260 avant J.-C., est demeurée épique ; sa durée fut d'un siècle sous l'époque pharaonique. Elle portait sur la possession d'une terre que des héritiers s'étaient disputée par une série de procès en cascade. D'autres faits nous surprennent par leur archaïsme ou leur bizarrerie : ainsi, les procès faits aux morts lors des enterrements dans l'Égypte des temps anciens[19], ceux faits aux insectes et aux animaux jusqu'à la fin du Moyen Âge[20], le procès pour le moins surprenant d'une femme déclarée fidèle bien qu'ayant accouché treize mois après le décès de son mari. Enfin, rappelons les bûchers auxquels furent condamnés des gens accusés de sorcellerie jusque dans l'Amérique du XVIIe siècle.

---

18. L'affaire de Chabannes, 1665.
19. Le procès terrestre vers l'an 59 avant J.-C.
20. Le procès des charançons, 1587.

La première loi
écrite de l'histoire

Comment a-t-on rendu la justice à travers les âges ? Dans les temps très anciens de l'histoire, son exercice, essentiellement oral, s'appuyait sur les règles divines et humaines, toutes confondues.

Puis vers 1755 avant J.-C., un roi de Babylone, du nom d'Hammourabi, eut l'idée d'assembler en un recueil toutes les dispositions légales alors existantes portant sur une multitude de litiges possibles entre l'État et les sujets ou entre les individus. C'est la première œuvre législative écrite de l'histoire. Ce *Code d'Hammourabi*, dont la version complète est conservée au Musée du Louvre à Paris, demeurera en vigueur entre le Tigre et l'Euphrate durant plus d'un millénaire.

Les interdits fondamentaux qui gouvernaient les actions humaines étaient assortis d'une kyrielle de punitions, fondés exclusivement sur la loi du talion : « Œil pour œil, dent pour dent ». Par exemple, on sectionnait la lèvre inférieure de l'homme qui embrassait une femme mariée ou encore une personne condamnée pour diffamation se faisait couper la langue.

Finet[21] rapporte des exemples additionnels :

> **Art. 229** Si un maçon a construit une maison pour quelqu'un mais s'il n'a pas renforcé son ouvrage et si la maison qu'il a construite s'est effondrée et s'il a fait mourir le propriétaire de la maison, ce maçon sera tué.
> **Art. 230** Si c'est un enfant du propriétaire de la maison qu'il a fait mourir, on tuera un enfant du maçon.

Ne serait-ce que par curiosité intellectuelle, rappelons la « Loi de Draco » (621 av. J.-C.). Dracon, législateur, fut chargé

---

21. A. Finet dans un ouvrage publié sur ce code aux Éditions du Cerf, Paris 1983

d'écrire un code de loi pour Athènes. Il édicta des peines si sévères que le mot draconien vient de son nom et signifie loi déraisonnablement sévère.

Par après, l'évolution fait prendre aux esprits et aux idées un cours différent. Non limitativement, citons : les dix commandements (1300 av. J.-C.), faisant aujourd'hui partie de la Bible ; le Code Justinien (529) à l'origine du notariat ; la Grande Charte (1215) proclamée en Angleterre et la Déclaration d'indépendance américaine (1776).

L'être humain progresse et voit ses limites reculer sous l'effet du changement, condition nécessaire de la vie. Les formes de régression de toute nature sont désavouées. Les règles de droit varient, s'adoucissent, mais non sans se compliquer et se multiplier. La même transformation s'opère en regard des contreparties aux infractions : la recherche de vengeance est pondérée par la volonté de comprendre, d'éviter la répétition du crime et d'amender le criminel si possible.

Quelles que soient les transformations entraînées par cette double évolution, deux principes essentiels demeurent inchangés :

«des lois connues de tous et des peines fixées pour chaque infraction, selon sa gravité». Réunis en une seule règle fondamentale, ces principes protègent les individus de l'arbitraire qui est le contraire d'une vraie justice.

Hélas, trop souvent dans l'histoire – et encore aujourd'hui – cette règle fondamentale a été violée : l'inhumanité, le despotisme, l'ignorance et l'erreur respirent encore... et font remonter à la surface chez certaines sociétés connues de tous, des manifestations d'un autre âge. On sait que des oppresseurs décident encore de ce qui est licite ou non ; parfois le procès n'est qu'une parodie de débat avant sentence arrêtée à l'avance ; aussi il arrive qu'un même crime soit passible de peines variées selon le bon plaisir du décideur ou selon la condition sociale de l'accusé. Ces cas où il n'y a plus de justice sont tellement nombreux que l'on ne doit pas s'en désintéresser.

En définitive, l'histoire permet de mieux cerner le monde qui est le nôtre, d'en éprouver la fragilité et celle de la justice. S'aider du très ancien pour maîtriser le très nouveau, voilà l'inéluctable défi des hommes d'aujourd'hui.

La justice de demain

On ne perce jamais l'avenir vraiment. Se livrer à un exercice de prospective sur la justice de demain est périlleux. Les faits ne se déroulent pratiquement jamais comme prévu. Seule la Pythie de Delphes avait le don de rendre parfois des oracles infaillibles inspirés par Apollon que Thémis – encore elle – avait nourri des fruits de la sagesse[22]. En effet, la vie invente sans cesse ; l'évolution des mœurs bouscule tout. Mais ce n'est pas s'avancer beaucoup en prédisant que de tous les problèmes précis ou diffus qui se posent à une société, celui de la justice sera de loin le plus complexe à résoudre.

---

22. Jean-Pierre Vernant, *L'Univers, les dieux, les hommes,* Éditions du Seuil, 1999.

Il est constant que, depuis quelques années, s'est développée chez nous comme ailleurs une idéologie de temps de crise faisant en sorte que les juges interviennent désormais partout et sur tout. Pour certains, une telle utilisation de la voie du droit est attribuable à la « maturation de l'opinion » qui remet en question les inégalités ou comportements suspects. Pour d'autres, cette inflation judiciaire est révélatrice d'un « déclin général de l'esprit de responsabilité et d'une montée de l'intolérance ». Si pessimiste que soit cette dernière interprétation, elle entraîne inconditionnellement notre adhésion.

Il en est ainsi parce que les sociétés actuelles se sont converties de plus en plus en sociétés de droit complexe, ce qui génère des incertitudes, des instabilités et, du même coup, des conflits et litiges.

Les États, transformés en États providence, au lieu d'améliorer le fonctionnement des collectivités, n'ont fait que le contrarier sous prétexte de refléter les préoccupations de l'époque. Aussi ont-ils provoqué la judiciarisation à outrance en enfermant dans des rapports de droit tous les rapports sociaux, même les rapports affectifs, ce qui n'incite plus les individus à s'assumer et accentue leur dépendance à l'égard de la société. Résultat, tout s'emballe, tout devient judiciaire. Chacun s'estime être un justiciable en puissance. Force est de constater que la justice est maintenant considérée comme le lieu où faire juger les changements de société, car les responsables politiques se sont moralement disqualifiés.

Malheureusement, la surcharge de lois de plus en plus nombreuses et complexes souvent brouillonnes et de circonstance ainsi que la sollicitation abusive des justiciables qui l'invoquent à tort et à travers, empêchent la justice de remplir efficacement son rôle qui est de rassurer les gens et d'apaiser les relations sociales. «Opus justiciae pax», disaient les Romains (la paix est l'œuvre de la justice). D'où, ne répondant pas à l'idée qu'elle peut corriger tous les maux, souvent la justice suscite l'amertume, l'inquiétude et parfois la colère.

Au fond, la crise de la justice se confond avec la crise de la démocratie. Nous traversons un malaise de civilisation qui affecte toutes les facettes de la vie sociale. En moins d'un quart de siècle, nous sommes passés de la société forte et solide à la société fragile et fracturée. Les valeurs ont tellement changé qu'une vaste réécriture s'impose.

L'incertitude, l'agressivité, le terrorisme ont fait leur apparition. S'ajoutent les nouveaux objectifs que constituent l'idéal égalitaire pour les citoyens, la mondialisation des échanges, la protection des ressources naturelles et autres. À l'intérieur des nations où les codes de lois sont fragilisés comme sur la scène mondiale où se poursuivent de nouvelles transformations, le « courage de refaire » apparaît comme une nécessité vitale.

La démocratie, ne l'oublions pas, est une victoire – toujours menacée – de la société politique sur elle-même. Vivre dans un pays de droit est un signe de civilisation : ce n'est pas le règne des masses abandonnées à leurs impulsions, à leurs passions, à leurs crises non plus que l'interventionnisme étatique débridé. Dans l'imperfection inévitable des institutions humaines, c'est le régime qui fait le plus de place tout ensemble à la raison ainsi qu'à la liberté et, par voie de conséquence, à la responsabilité.

La crise actuelle est profonde et les politiques sont de plus en plus conscients de la nécessité d'effectuer des changements. Certains en font leur programme en vue de se faire élire. Bien souvent, leur ardeur est tempérée par les habitudes ou les avantages du milieu au point que les attentes sont sacrifiées délibérément. Entre-temps, cris et chuchotements ne cessent de s'élever contre les dysfonctionnements de la démocratie et contre ses retards à se réformer dans l'intérêt général.

Pour l'avenir, il faudrait réduire l'État qui se mêle de tout, redonner à chaque individu le sens de la responsabilité et de la liberté. Ce serait rendre à l'État sa grandeur, lui faire jouer son rôle normal de régulation sociale et permettre enfin à la justice d'être ce qu'elle doit être : une justice indispensable certes, mais uniquement une «justice de recours», recentrée sur ses missions essentielles qui sont arbitrer et punir.

Voilà pour les idées. Quant à leur application, elle relève du mécanisme social qui continuera de fonctionner si chacun des éléments qui le composent, en l'occurrence le législatif, l'exécutif, le judiciaire, le pouvoir économique et autres, exerce toute sa mission. Que chacun reste à sa place, mais l'occupe vraiment. Ainsi, la justice sera recadrée et occupera la position qu'elle n'aurait jamais dû perdre au cœur de l'équilibre des pouvoirs dans l'État.

Ceci dit, il est faux de considérer le déclin actuel de l'esprit de justice comme une fatalité. Au fil des siècles, cette vertu qu'est la justice a toujours su transcender les époques et les régimes. Dans les tournants judiciaires d'une démocratie appelée à se renouveler, les dérives n'ont qu'un temps. Faisons plutôt nôtre ce conseil d'un vieil avocat britannique, James Scotty Reston, à ses jeunes associés : «Associez-vous avec les optimistes. La vie sera assez difficile, même s'ils ont raison».

Des avis sur
des sujets brûlants

Tous dans la vingtaine, beaux, intenses, portant allégrement le poids de la jeunesse, voilà mes visiteurs : deux garçons, une fille, futurs membres du Barreau. Ils se proposent de publier un article qu'ils veulent percutant sur le droit et la justice et consultent à cette fin. Dans le feu roulant des questions soumises, il s'en est trouvé certaines d'une telle pertinence qu'il convient de les rapporter textuellement. Sinon, il me semble que le présent ouvrage manquerait de sel.

Une certaine appréhension se vit en présence de ces jeunes interlocuteurs au moment de leur communiquer des messages, des convictions, des aspirations qu'ils diffuseront peut-être.

Alors qu'ils disposent papiers, crayons, magnétophone, je sais qu'il me faudra faire appel à toute l'agilité intellectuelle dont je crois disposer encore. Histoire de détendre l'atmosphère, une mise en garde s'impose : « En raison de l'évolution accélérée du droit et de la justice, il se peut que vous n'obteniez pas de réponses satisfaisantes à toutes vos interrogations, mais peut-être rendrai-je plus discutables les opinions des autres. »

S'ensuivent des questions d'ordre général qui font honneur à leur esprit d'analyse et à leur curiosité intellectuelle. Limitons-nous aux extraits suivants.

On parle beaucoup de nos jours du « gouvernement par les juges plutôt que par les parlementaires ». Qu'en est-il, selon vous ?

L'énoncé est frappant mais peu probant. Ce ne sont pas les juges qui gouvernent. Mais, si cette croyance est propagée, c'est parce que les gouvernants ont décidé qu'il devait en être ainsi. Le Parlement exerce toujours ses pouvoirs, y compris celui de faire ou de défaire les lois, s'il estime qu'elles ne sont pas conformes à l'intérêt général.

Par ailleurs, il est vrai que le politique appelle souvent le judiciaire en renfort, ce qui est loin de revaloriser les gouvernements. L'émergence des questions sociales et économiques en est la cause : celles-ci supplantent de plus en plus les questions politiques. Tocqueville annonçait déjà, il y a plus de 150 ans, l'avènement de cette nouvelle dimension de la démocratie.

Cette charge de consultant toutefois ne peut être que temporaire car le rôle des juges est d'appliquer les lois existantes, non pas d'aider à les créer. De nos jours, les régimes démocratiques sont fragilisés, mais bien des transformations sont en cours. Tout change. Pourquoi pas ces régimes ? Je crois fermement que les peuples sont en attente d'un nouveau type de démocratie qui harmonisera son essence politique avec les besoins actuels de la société.

Si le pouvoir réel des politiciens s'amoindrit, quel est le pouvoir qui le remplace, et quel sera celui de l'avenir ?

Partout dans le monde les pouvoirs traditionnels stagnent. Le vrai pouvoir est désormais économique. Une poignée d'individus le détient : ceux qui gèrent les banques centrales et autres institutions financières, les fonds de pensions, les grandes sociétés anonymes et j'en passe. Fasse le ciel qu'ils ne se trompent pas !

Mais à côté de cette hégémonie de l'économique existe un impitoyable contre-pouvoir : la démocratie d'opinion, c'est-à-dire, l'information incessante, tenace, accessible au public.

Quant à déterminer le pouvoir de l'avenir, il faudrait une vision prophétique de la mondialisation pour y répondre. En raison de la croissance des moyens techniques de plus en plus à la portée de tous les individus, le futur verra l'avènement d'une nouvelle façon de vivre et l'émergence d'une nouvelle morale sur les vestiges de la nôtre.

Que pensez-vous de ces lois destinées à assurer la sécurité contre les dangers du terrorisme et autres maux du genre ?

La culture judiciaire d'autrefois qui existait en faveur du citoyen est en veilleuse. L'actualité exigerait, dit-on, un changement radical : l'équilibre liberté-sécurité doit pencher impérativement du côté sécurité. La règle d'antan qui s'exprimait comme suit : «Le droit de l'État doit céder le pas à l'État de droit» est en voie d'être remplacée par celle-ci : «Le droit de l'État commande à l'État de droit.» Cette dernière, espérons-le, ne sera pas durable. La démocratie est fondée sur la liberté politique et la souveraineté du peuple sur les institutions. Le peuple s'est habitué à vivre dans la démocratie et exigera de recouvrer le plein exercice des libertés d'autrefois dès qu'il aura le sentiment que l'ordre est rétabli.

Quelle est la nature de la crise d'aujourd'hui ?

C'est une déprime généralisée de la civilisation qui touche tous les aspects de la vie sociale. Le citoyen se démarque du gouvernement qu'il a élu et n'arrive pas à s'y reconnaître. De plus, il persiste à ignorer les contraintes collectives tout en exigeant davantage de l'État.

Par après, mes interlocuteurs m'avisent qu'ils en sont aux questions d'ordre personnel. La future disciple de Thémis, les aborde dans un climat on ne peut plus amical. En voici les principales.

Nous savons que vous êtes à écrire un livre sur la justice. Consentez-vous à nous en parler ?

Certainement. L'application de la justice à travers des systèmes désuets m'a toujours fait penser à une espèce de cité interdite avec ses rites, son langage, ses règles, ses motivations, ses serviteurs. Elle ignore trop souvent les soucis des gens et les réalités de la vie quotidienne. Je rêve depuis longtemps qu'on lève le voile qui masque ces systèmes pour que la pratique de la justice aujourd'hui difficile à vivre devienne enfin transparente et moderne, comme l'exige le XXIe siècle.

Pourquoi avoir tant tardé à le publier ?

Permettez que j'utilise comme réponse celle du grand musicien Joseph Haydn concernant son Oratorio, *La Création :* « J'y mets du temps parce que je veux qu'il dure. »

Avez-vous vraiment songé à prendre votre retraite ?

Votre question me rappelle à l'ordre, même plus, à l'humilité. Le droit et la justice constituent une discipline tellement envoûtante qu'il est impossible de s'en séparer complètement. On ne renonce pas facilement à de telles relations d'intimité. Toutefois, après avoir débattu en votre compagnie sur autant de sujets divers, je pense que l'idée me plairait de m'adonner dorénavant à une seule occupation : sentir passer le temps…

Finalement, après ce long parcours qui est le vôtre, croyez-vous toujours au droit et à la justice ?

Ce sujet tombe à point. J'ai rêvé, pour clore mon livre, d'un énoncé de principes que vous me donnez l'occasion de formuler. Avec le droit, j'éprouve des sentiments parfois conflictuels, mais toujours vivaces. Quant à la justice, mes sentiments sont ancrés à jamais : je crois en la justice comme je crois en Dieu.

Conclusion

La préface – c'est bien connu – se rédige très souvent après que le bouquin est terminé. Peut-être aurais-je dû reporter l'introduction qui en tient lieu et n'expose qu'en filigrane mon désir d'écrire une autre histoire de la justice, simple à lire, davantage à mon goût, adressée à des lecteurs que j'eusse aimé connaître et converser avec eux sur ce monde dont je tente de me faire l'interprète.

L'art d'écrire sur le droit, on le sait, c'est celui de l'ellipse et de la synthèse. Bien souvent me suis-je dit qu'un non-initié aux détours de la pensée juridique risquerait de perdre le fil à travers les références aux statistiques, aux dates, aux lieux et aux grands courants jurisprudentiels. Aussi, pour éviter que l'intérêt et la verve s'il y a, ne tombent en cendres, ai-je préféré un récit tout en fragments, avec l'espoir que surgisse de l'ensemble une image cohérente de ce «cadeau des dieux» toujours perfectible.

Ce format restreint n'avait d'autre ambition que d'inviter le lecteur, à la faveur de l'émotion des mots, à fréquenter ce monde particulier, laisser celui-ci s'exprimer pour mieux le connaître, contribuer peut-être à l'abandon de certaines idées préconçues et surtout rappeler l'idée de permanence de la justice à travers le changement, c'est-à-dire ce quelque chose, cette substance qui persiste dans un monde où tout change, tout passe.

A-t-il fini sa course? Je m'interroge. À chaque chapitre, j'ai craint de vous lasser. Une collection arbitraire de sujets a été faite, laissant bien d'autres en suspens sur lesquels il y aurait aussi beaucoup à dire.

Je pense à d'autres acteurs de la scène judiciaire ici ignorés, aux réformes possibles pour corriger ce qui grippe, à d'autres déficiences ou incertitudes que révèle l'état des lieux... Malgré l'audace que j'aurais à les traiter, je m'y oppose. Il faut savoir mettre une bride à ses souvenirs et à ses constats depuis lors. Ce ne serait plus l'ouvrage projeté, mais un autre qui risquerait de passer pour outrecuidant sous prétexte d'une certaine expérience...

Toutefois, en cours de route et en dépit de ce qui précède, une vague de fonds a fait monter à la surface quantité de questions posées par des non initiés. Au risque de perdre le fil, certaines ont été traitées à l'intérieur des textes, mais d'autres, portant sur la réalité du monde judiciaire dans lequel nous vivons, exigeaient des réponses particularisées, vues leur fréquence et leur portée. Elles ne pouvaient être écartées de la réflexion générale engagée. Les derniers chapitres en disposent.

Si ces pages vous rapprochent de la justice, j'aurai été payé largement de mon temps et de mon travail. Pour ma part, avant de les écrire, j'avais peur du mou de l'habitude, crainte qui ne m'habite plus. Amener le lecteur au cœur de la justice, fait réfléchir un auteur sur la vie, sur les autres et sur lui-même.

Quelle que soit votre opinion sur ce bouquin, permettez d'en référer une fois de plus à Cocteau, lui qui après avoir dit que le livre était objet de plaisir, a ajouté : « J'ai toujours manié le livre avec respect. Je sais ce qu'il représente de peine, je sais par quel travail il existe ».

Petit glossaire

Mythologie grecque

ZEUS
: Souverain des dieux, vainqueur des titans et des monstres qui menaçaient l'ordre cosmique qu'il avait lui-même institué.

APOLLON
: Dieu des arts, de la santé et de l'intelligence. Aussi le dieu de l'arc d'argent.

ATHÉNA
: Vierge sage, à fière allure, incarnant la raison. En outre, reconnue déesse de la guerre.

APHRODITE
: Déesse de la séduction, de la beauté. Consacrée par Pâris comme la plus belle des déesses.

THÉMIS — Déesse de la justice, seconde épouse de Zeus. Son rôle est de remettre à chacun son dû.

HÉRACLÈS — Héros grecs des douze travaux. Ses parents étaient des humains, mais son vrai père était Zeus.

VÉNUS — Déesse de l'amour, représentant l'éternel féminin. Toujours séduisante, elle attire hommes et dieux, avec un sourire moqueur. Pour entrer dans la parfaite opposition des contraires, elle épouse Vulcain, le plus laid des dieux, mais ne se gène pas pour le tromper.

PRIAM — Roi de Troie, père de Pâris.

Mythologie égyptienne

ANUBIS — Dieu des funérailles et de l'embaumement, portant une tête de chacal. Au surplus, il assiste à la pesée des âmes.

De quelques auteurs cités et de leurs œuvres

La jeunesse d'un discours se mesure au grand âge de ses citations : non pas le neuf contre l'ancien, la grâce de l'inspiration contre le poids de la tradition, mais une parole dont l'originalité est proportionnelle à la quantité d'autres paroles qu'elle a traversées, relevées et qu'elle s'est incorporée.

Bernard-Henri Lévy,
Le Point n° 1674, 14 octobre 2004.

COCTEAU Jean
1889-1963
Écrivain, cinéaste, poète, peintre, dessinateur. Il fut constamment lié au modernisme. Ses œuvres principales furent *Les enfants terribles* (1929), *Le sang d'un poète* (1930), *Orphée* (1950) et *La difficulté d'être publié* (1983).

FROSSARD André
1915-1995
Journaliste, philosophe, ami personnel de Jean-Paul II. En 1969, il composa un best-seller : *Dieu existe, je l'ai rencontré*. Aussi, *Les Pensées* (1994). Journaliste au *Figaro*, ses billets féroces ont contribué à sa célébrité. Dans son dernier article en 1995, il écrivait : « l'Europe a de plus en plus de membres, mais de moins en moins d'âme. »

LEFÈVRE Paul
1934-
Journaliste et chroniqueur judiciaire. Entre autres publications, il a produit, sur la justice française une étude remarquable : *Les serviteurs de la justice* (1974). Cet écrivain est celui qui a le plus inspiré l'auteur de *Le Monde de la Justice*.

LÉOTARD François et Patrick WAYSMAN, *Paroles d'Immortels,* Éditions Ramsay, Paris, 2001, pour les citations de Pétrarque, Siegfried, Valéry et Renan

PAUWELS Louis
1920-1997
Journaliste, écrivain, critique libre. Il acquit sa renommée par maintes publications, en particulier, par son livre : *Le matin des magiciens* (1960).

Par après, il devint le rédacteur en chef du *Figaro* magazine à titre de rédacteur en chef et d'éditorialiste. Son esprit est toujours cette publication.

PÉTRARQUE Francisco
1304-1374
Poète et humaniste italien
Son œuvre *Rimes et Triomphes* (1470) fut retenue par la postérité. Il y opposait l'amour idéal, platonique à la vie agitée du temps.

RENAN Ernest
1823-1892
Historien, philosophe, libre-penseur. Reconnu pour la liberté de ses opinions en matière de critique religieuse, il acquit la célébrité par son livre *La vie de Jésus* (1864). Aussi, *Histoire des origines du christianisme* (1863) et *Souvenirs d'enfance et de jeunesse* (1883).

SIEGFRIED André
1875-1959
Géographe, économiste et sociologue. Auteur d'études consacrées à la sociologie politique. Professeur émérite, son œuvre principale fut *Tableau politique de la science de l'Ouest* (1913).

TOCQUEVILLE Alexis
1805-1859

Écrivain et homme politique. La parution en 1835 de son livre *De la démocratie en Amérique* fit sensation. On le considéra comme un penseur véritable en même temps qu'un homme de lettres. Aussi, il écrivit en 1841 *L'Ancien Régime et la Révolution*.

VERNANT Jean-Pierre
1914-

Helléniste, spécialiste des religions et des mythes, reconnu pour sa qualité de conteur. Il composa plusieurs livres dont *Mythe et Tragédie en Grèce antique* (1970), *Mythe et société en Grèce antique* (1974). Aussi, *L'Univers, les dieux et les hommes* (1999).

YOURCENAR Marguerite
1903-1987

Romancière profondément originale, vivant par l'esprit avec ses héros, entre autres Hadrien et Zénon. Première femme admise à l'Académie française. Renommée pour ses principales œuvres, *Les mémoires d'Hadrien* (1951) et *L'œuvre au noir* (1968).

Table des matières

COMPOSÉ EN PLANTIN CORPS 12
SELON UNE MAQUETTE RÉALISÉE PAR GILLES HERMAN
ET ACHEVÉ D'IMPRIMER EN FÉVRIER 2005
SUR LES PRESSES DE AGMV-MARQUIS
À CAP-SAINT-IGNACE, QUÉBEC
POUR LE COMPTE DE DENIS VAUGEOIS
ÉDITEUR À L'ENSEIGNE DU SEPTENTRION